知っていればもっと楽しめる

ベトナム
旅行術

ガイドブックに載らない

達人のコツ 50

シュアン&リエ 著

xin chào

メイツ出版

CONTENTS　知っていればもっと楽しめる　ベトナム旅行術
ガイドブックに載らない達人の知恵50

※この本で紹介している情報は、2020年2月現在のものです。内容が変更になる場合もあります。なお、本書に
　掲載された内容による損害などは補償いたしかねますので、予めご了承くださいますようお願いいたします。

はじめに

　夫のベトナム転勤で、私は初めてベトナムに行き、初めての海外暮らしをすることになりました。最初は不安や戸惑うことも多かったですが、気づけばすっかりベトナムのとりこになっています。

　この本では、実際に私が肌で感じた経験を活かし、初めてベトナムを訪れた日本人が戸惑いやすい部分を中心に、安全に快適に旅行を楽しめるようなコツをベトナム人のシュアンと一緒にまとめました。駐在妻のネットワークを駆使したおすすめ情報や注意事項、ベトナム人ならではの現地情報など、盛りだくさんの内容になっています。

　体験談をもとに書いていますので、人によって感じ方が違うこともあるかもしれませんが、この本を通して皆様のベトナム旅行がより充実したものになれば、これ以上嬉しいことはありません。

　なお、ベトナムは経済発展が目まぐるしく、交通状況はどんどん改善され、各種料金なども頻繁に変更されています。実際にベトナムへ旅行される際は、最新の情報をご自身でよくお調べになった上で、この本を参考にしていただけましたら幸いです。

　皆様のベトナム旅行が、安全で楽しく充実したものになりますよう、心から願っております。

シュアン&リエ

第1章

まずはベトナムの
基本を押さえよう

南北に長いベトナム　効率よく回れば1週間で周遊も可能！

まずはベトナムの地形を把握しよう

　ベトナムはインドシナ半島の東部をS字に縁どるように位置する細長い国で、北は中国、西はラオスやカンボジアと国境を接しています。国土の4分の3が山岳地帯で、東には南シナ海が広がっていることから、**海あり、山あり、川あり、観光資源が豊富**です。また、南北に長いため北部、中部、南部で気候が変わります。

　北部の首都ハノイと南部の一大観光都市ホーチミンは、直線で約1200kmの距離があります。これは青森から博多の距離とほぼ同じで、けっこう距離があります。なので、ベトナムでの**主要都市間の移動は飛行機が基本**。ホーチミン、ハノイ間は飛行機約2時間で移動でき、1日約50便もあります。ジェットスター・パシフィック航空、ベトジェット航空は低価格の路線をサービスしています。**効率よく縦断すれば、1週間ほどの日数でもハノイ、ダナン、ホーチミンの3大都市を巡り、主要観光地をハイライトで観光することも可能**です。

主要都市間の飛行機移動時間

	所要時間
ハノイ⬌ホーチミン	約2時間
ダナン⬌ハノイ、ホーチミン	約1時間20分

ベトナム主要都市・スポット

サパ

ハノイ

ハロン湾

フエ

ダナン

ホイアン

ニャチャン

ダラット

ホーチミン

ミトー

ベトナム

正式国名	ベトナム社会主義共和国
面　積	32万9241㎢（日本の約90%）
人　口	約9,467万人（2018年,越統計総局）
首　都	ハノイ
通　貨	ベトナムドン（VND） レート：1万VND＝約47円 （2019年10月現在、詳しくはコツ16参照）

どの都市に行く？　ベトナム三大都市の特徴を知っておこう

(ホーチミン) ベトナム最大の商業都市

　南部に位置するホーチミンは、かつてはパリを思わせるコロニアル建築の街並みが特徴的でした。しかし近年では、経済の発展とともに街も姿を変え、高層ビルが立ち並ぶ一大商業都市となっています。そのため、今も残る**ヨーロピアンな建物と近代的な高層ビルを同時に眺める**ことができます。**流行や文化の発信地**でもあるメインストリートのドンコイ通りには、有名レストランや数多くのショップが並び、賑わっています。

　そのほか、**活気あふれるベンタン市場**、少し足を延ばせば自然を感じることもできる**メコンクルーズ**などがあり、バラエティ豊かなベトナム観光が楽しめます。

ホーチミン人民委員会庁舎

メコンクルーズ

(ダナン) 極上ビーチリゾート

ビーチリゾート

ホイアンのランタン

中部に位置するダナンは、古くから東西交易の中継地として栄えた港町です。**真っ白な砂浜が広がるビーチ**沿いには幅広い価格帯のリゾートホテルが立ち並び、ベトナム国内はもちろん、**海外からバケーションで訪れる観光客も多い一大観光リゾート**です。また、市街地から車で15分ほど行けば、**パワースポットとしても知られる五行山**へアクセスすることもできます。さらに**世界遺産に登録された街並みや歴史建造物群のあるホイアンやフエ**へも陸路で行くことも可能。ダナンはベトナム中部観光の拠点と言えます。

(ハノイ) 約1000年の歴史を持つ首都

北部に位置するハノイは、**豊かな自然と美しい湖に囲まれたベトナムの首都**です。11世紀に首都タンロンができてから約1000年、**政治・文化の中心地**として歴史を築いてきました。主な見どころは街の中心にある緑あふれる湖畔、**ホアンキエム湖周辺**や、**ホーチミン廟、ハノイ城**などの歴史的建造物、異国情緒あふれる旧市街のノスタルジックな街並みなどです。また、エメラルドグリーンの海に幻想的な奇岩が林立する**世界遺産、ハロン湾**や、**陶器のふるさとバッチャン村**の玄関口でもあります。自然に囲まれながら、ベトナムの伝統工芸や歴史を身近に感じられるエリアです。

ハノイ大教会

ハロン湾

コツ03 Vietnam 旅のベストシーズンは乾季！季節ごとの最適な服装

観光シーズン

　高温多湿のベトナムの気候には乾季と雨季があり、**雨が少ない乾季が旅行しやすい時期**になります。ただし、ベトナムは南北に細長いため地域によって乾季が異なります。また乾季のピークは気温も上がり蒸し暑くなるので、乾季の中でも観光しやすいベストシーズンをご紹介します。

● **ハノイ**

　乾季は10〜4月。ただし、乾季でも1〜4月は霧雨が降ることがあり、最低気温が7℃くらいまで下がります。乾季の中でも、天気が安定して気温もちょうど良い10〜11月が旅のベストシーズンです。

● **ダナン**

　乾季は2〜9月。ビーチがメインなら、5〜8月が特に天気が安定した日が多く、ベストシーズンと言えます。観光メインなら、暑さもそれほどではない3月がおすすめです。

● **ホーチミン**

　乾季は11〜4月。4月は強烈な日差しのため、11〜3月が特にベストシーズンと言えます。雨季は雨が多いものの、1日中降り続くことはほとんどないので、あえてシーズンオフの雨季に旅する手も。

	ベストシーズン
ハノイ	10〜11月
ダナン	ビーチメイン：5〜8月　観光メイン：3月
ホーチミン	11〜3月

季節ごとの最適な服装

● ハノイ

　ハノイは時期によって気温差が激しいのが特徴。10〜11月は長袖シャツに羽織れる上着を1枚、4〜9月は蒸し暑いので風通しの良い夏服で、12〜3月は気温が低く湿度は高いため実際の気温よりも体感温度は寒く感じます。ベトナムとは言え暖かい機能性下着にダウンジャケットを羽織るくらいの防寒対策が必要です。

● ダナン

　ベストシーズンの5〜8月はとても暑くなりますので、日本の夏服と同じ服で。乾季が終わる9〜3月の間は日本の秋ぐらいの気候なので薄手の上着が必要です。

● ホーチミン

　ホーチミンは気温差がさほどないので1年中半袖シャツで過ごすことができます。ただし、エアコンがギンギンに効いていることも多いので、羽織れるものは1枚あると便利です。

旧暦の正月、テトに注意

　ベトナムの旧正月、テトはだいたい **1月末から2月上旬に当たり**ます。**5〜10日間**ほど続くテトの休暇期間は街中いたるところで飾りつけがされて華やぎます。ただし**店や観光施設は休業になることが多く、営業していても値段が高くなる**ことが多いです。また、交通機関も道路では大渋滞が発生し、バスや飛行機の予約は満席で予約が取りにくくなります。ですので、**テトの時期の旅行は避けた方が無難**と言えます。またテトの日程は年によって変動します。事前にインターネットなどで確認しておきましょう。

コツ04
Vietnam
ベストシーズンを把握しよう！
おすすめビーチリゾート6選

南北に長いベトナムは地域によって海のベストシーズンが違うので、気を付けたいところ。ベストシーズンを狙って行きたい、おすすめビーチリゾート6都市をピックアップしました。

1　ダナン（ベストシーズン:5月～8月）

言わずと知れたベトナム中部の人気ビーチリゾート。ノンヌック・ビーチとミーケー・ビーチという2つの大きなビーチがあり、白い砂浜がどこまでも続くミーケー・ビーチは、アメリカのフォーブス誌によって「世界の美しいビーチ6選」にも選ばれています。さまざまなランクのホテルがあり、インテリアにこだわった個性派ホテルも続々オープンしています。海の透明度が増すのは7～8月です。昼間は強烈な日差しなので、泳ぐなら朝がおすすめです。

2　ホイアン（ベストシーズン:5月～8月）

旧市街のイメージが強いホイアンは、実はビーチリゾートでもあります。クアダイ・ビーチとアンバン・ビーチがあり、ワイワイ楽しむなら大型ホテルが立ち並ぶアンバン・ビーチが賑わっています。一方、クアダイ・ビーチは、近年浸食が進んで砂浜が減ってきているため人が少なく、静かに過ごしたいならこちらもおすすめです。

③　ニャチャン（ベストシーズン:5月～8月）

　1年を通して降水量が少なく温暖な気候のニャチャン・ビーチは、ダナンやホイアンなどに比べて海の透明度が高く、豊富なマリンスポーツが楽しめます。約5kmにわたって延びる白浜のビーチ沿いには高級ホテルが立ち並び、多くの5つ星ホテルがあります。

④　ブンタウ（ベストシーズン:11月～3月）

　ベトナムの南部に位置し、1年中海水浴が楽しめるブンタウ。ホーチミン市からバスで2時間ほどの距離にあります。ブンタウには4つのビーチがありますが、海水浴に最も適しているのはメインビーチである遠浅のバック・ビーチ。現地の若者や家族連れも多く、どこか懐かしい日本の熱海のような雰囲気があります。

⑤　ムイネー（ベストシーズン:2月～4月）

　ホーチミン市から車で5時間ほどの場所にあるムイネーは、現地の人はもちろん、欧米人旅行者に人気のビーチです。ムイネー東部に広がる海はサーフィンビーチと呼ばれ、マリンスポーツが盛んです。サーフィン以外にも、ダイビング、シュノーケル、バナナボート、ジェットスキー、パラセーリングなども楽しむことができます。

⑥　フーコック島（ベストシーズン:12月～3月）

　夕日好きの人、ホテル好きの人におすすめしたいのが、タイランド湾に浮かぶ島、フーコック島。ホーチミンやハノイなどの主要都市から飛行機でアクセスできます。ほとんどの海が東に面しているベトナムでは珍しく、海に沈む夕日が見えるスポットです。近年リゾート開発が進み、魅力的なホテルが続々オープンしています。

ベトナムはフリー Wi-Fi充実！
カフェやホテルで使いこなそう

ベトナムは日本以上にWi-Fiがフリーで使える

　ベトナムでは5つ星ホテルから安いゲストハウスはもちろん、**多くの場所でフリー Wi-Fiの環境が整っています。特にカフェはWi-Fiがないと集客に響くこともあり、ほぼ100％使えます。**公共のエリアは遅いことも多いですが、空港はパスワード不要で利用できるところがほとんど。空港内のカフェやレストランは店ごとにWi-Fiを設置しているため、ストレスなく利用できます。ホーチミンやダナンなどでは、観光客が多く集まるエリアで公園や道沿いでフリーWi-Fiが提供されています。

　しかし、フリー Wi-Fi天国のベトナムとはいえ、多くの道路や屋外の屋台、市場といった場所では、Wi-Fiを使えませんし、セキュリティ面の心配もあります。そんなときに役に立つのが次に紹介する方法です。

ドコモの（　パケットパック　）、auの（　世界データ定額　）

　ドコモの「パケットパック海外オプション」、auの「世界データ定額」を使えば、**24時間980円で国際ローミングが使用できます。**申し込みは自分のスマホから簡単にでき、最も手軽。その上、データ通信量の上限もない（日本で契約しているデータ容量と同じ）ので使い勝手は一番です。ドコモ、auユーザーはこの方法を選びましょう。

ドコモ、au以外、複数名で使用は、 (レンタルWi-Fi)

　スマホ大のレンタルWi-Fiルーターを持ち運んでインターネット
に接続します。設定も簡単ですし、**複数名で接続できるのも大きな
メリット**です。ネットなどから申し込み、空港の専用カウンターで
借りて、帰国後返却します。**価格ドットコム経由で申し込めば、料
金は格安**です。

日本のレンタルWi-Fiの料金目安

	公式ホームページから 申し込む場合の料金	価格ドットコム経由で 申し込む場合の料金 ※時期によって変動する場合があります。
GROBAL WiFi	4G回線利用 1日 600MBで 970円、1.1GBで1170円	4G回線利用 1日 1.1GBで98円
イモトの WiFi	4G回線利用 1日 500MBで 1280円、1GBで1580円	4G回線利用 1日 1GBで790円
Wi-Ho!	4G回線利用 1日 500MBで 1150円、1GBで1350円	4G回線利用 1日 1GBで111円

ドコモ、au以外、個人行動が多い場合は、
(海外向けプリペイドSIM)

　SIMフリーのスマホであれば自分のSIMカードと入れ替えて使え
ます。Amazonで海外SIMと検索すると出てきます。**レンタルWi-Fi
のように持ち運んだり、空港で借りたり返したりする不便さがない**
のが嬉しいところです。グループで使いたい場合ではSIMカードを
入れた人のスマホでテザリング(iPhoneではインターネット共有)す
れば使えますが設定がやや面倒です。また、少し変わり種ですが、
HISの「変な SIM」は自分のSIMカードに貼り付けるだけで海外SIM
として使えます。この場合、1日 200MBまで500円です。

ベトナム人に
聞いた

ベトナムに来たら絶対に行って ほしい観光スポット5選

① ホーチミン旧市街（1区）

　ホーチミンの中心部。一大ショッピング街のドンコイ通りは必須。雑貨屋だけで数百あり、品物の値段は高めですがクオリティは随一です。この通りには西洋建築がいくつも建ち、ホーチミンの歴史を感じられるのもおすすめポイント。また、現地の暮らしをリアルに感じたいならベンタン市場へ。食料品や日用品店など2000軒以上が並び、安価なばらまき土産を買うのに最適。ここでの買物は値切りが当たり前で、「いくら？」をベトナム語で「バオ・ニエウ・ティエン？」と言うと、買物に慣れていると思われ、ぼったくりに合いにくくなるのだそう。

② ホイアン

　かつて国際貿易港として栄え、旧市街は世界遺産。様々な国の様式の建物が並ぶ美しい街並み目当てに、現地人も多く訪れます。日本とも関わりが深く、16世紀に日本人が建築した橋も残っています。狭い場所が多いので観光にはシクロ（人力車）を使うと便利です。最大の見どころは夜。ナイトマーケットはカラフルなランタンであふれる写真映えスポット。22:00頃で終わるので、時間には注意を。

3 フエ

　ベトナム最後の王朝、阮（グエン）朝の都。
フエでは歴史めぐりが目玉になります。1番
は世界遺産の「王宮」。敷地が広く、全部ま
わると2時間以上かかりますが、「太和殿」ま
でで引き返しても十分雰囲気を味わえます。

フエでは郷土料理にも注目を。太麺を使ったピリ辛の牛肉麺「ブンボーフ
エ(Bún bò Huế)」はベトナム人でもイチオシという人が多いので、この機会
にぜひ食してみましょう。

4 ハロン湾

　無数の島々が浮かぶ世界遺産。湾めぐり
や鍾乳洞探検、水上の漁村訪問ができるクル
ーズが人気。ライトアップで有名なティエ
ンクン洞窟内は、登り下りが多いので動きや
すい格好が必須です。クルーズ中、小舟に雑

貨を乗せた物売りが来るのも、ハロン湾ならではだとか。クルーズはハノ
イからのツアーへの参加が一般的ですが、港のあるトゥアンチャウの船乗
り場でも申し込むことができます。

5 チャンアン

　ニンビン省にある世界遺産。石灰岩の断
崖絶壁が連なる光景は「陸のハロン湾」とも
言われますが、こちらは手漕ぎ舟のクルーズ。
途中、洞窟の中を通ったり、崖や川沿いのお
寺の景色を楽しんだり、映画のロケ地に立ち

寄ったりします。ルートはほぼ一方通行で、行きと帰りのルートが違うの
で、写真の撮り逃しに注意。また舟ではチップが必要で、2万VND（約100
円）くらいが相場です。

ベトナム人に
聞いた

今、アツいベトナム流行の
最先端スポット4選

① サンワールド・バーナーヒルズ

ダナン市内から車で約1時間のところにある、標高1000m超えの山頂に広がるテーマパーク。巨大な手に支えられた金色の橋「ゴールデンブリッジ」が2018年に登場して以来、今なお現地人のSNSをはじめ話題になっています。長さ・高低差ともギネス世界一というケーブルカーに乗って、メインの施設のある頂上へ。乗車時間約20分、頂上へは山を3つ越えるとのことで、その敷地のとてつもない広さをうかがい知ることができるでしょう。そのほか、フリーフォールなどのアトラクションもありますが、すべて入場料のみで遊ぶことができます。市内から現地へはシャトルバスはなく、タクシーのチャーターが必要。相場は往復で60万VND（約3,000円）です。待機のタクシーは少ないので、乗ってきたタクシーに待機してもらうのがおすすめ。3〜4時間ほどでも待っていてくれます。

② カフェめぐり

フランス植民地だった影響で、カフェ文化が根付いているベトナム。特にホーチミンにはオシャレなカフェが多く、カフェめぐりは現地の若者のブームに。常にSNSなどで話題の場所をチェックしているのだそう。ハノイ発祥の「コン・カフェ」や、大手チェーン「ハイランズコーヒー」は現地っ子の定番。グエンフエ通りのリノベーションアパートは、別名「カフェアパートメント」と呼ばれ、多くの店があるので、カフェのはしごにおすすめです。

③ ランドマーク81

ホーチミンにある東南アジア最高層の
ビル「ランドマーク81」。地下1階〜地上5
階までショッピングモールが入り、映画館
やスケートリンクも揃う、若者憧れのスポ
ットです。最上階の展望台は、入場料が81
万VND（約4,050円）と高価。そこでおす
すめなのが、スカイバーの利用です。スカ
イバーはここ数年、ベトナムでブームにな
っていて、ランドマーク81にも2つあります。
75・76階の「Blank Lounge」は屋外にテ
ラス席があり、74階の「ICEBAR Saigon」は
マイナス11度の空間で楽しむバー。カフ
ェやお酒を飲みながら、上空400mからの
絶景を堪能できるとあって人気なので、利
用する場合は予約を。

④ ムイネー

ホーチミンから車で約5時間の場所にある、ベトナムの中でも少し変わ
ったリゾート地。もちろんビーチもありますが、ここの目玉は2つの砂丘。
「イエローサデューン」はシンボル
的観光地で、そり滑りで遊べます。
そりは現地人からレンタルでき、
料金はチップ制です。ムイネー郊
外にある「ホワイトサデューン」
は真っ白な砂丘が広がっています。
ジープやバギーを使い、砂丘を走
り回ることができます。

ベトナムの美しい自然や文化に感動する 8つの世界遺産

ベトナムには、計8つの世界遺産があります。

 自然遺産　 文化遺産　 複合遺産

ハノイ・タンロン
王城遺跡中心地区 ❶

❸ ハロン湾

チャンアン
複合景観 ❷

❹ 胡王朝の城塞

フォンニャ・
ケバン国立公園 ❺

フエの建造物群 ❻

古都ホイアン ❼

ミーソン聖域 ❽

❶

ハノイ・
タンロン王城遺跡中心地区

11〜19世紀に栄えた各ベトナム王朝の遺跡群。地下にはハノイの歴代王朝の遺構が数多く残り、今でも発掘調査が進められている。

❷

チャンアン複合景観

チャンアンやタムコックなどの自然が織りなす美しい景色と、文化的価値の高い古都ホアルーなどを含んだ、ベトナム初の複合遺産。

ハロン湾

水墨画のような美しさから「海の桂林」とも称されるベトナムきっての景勝地。エメラルドグリーンの海に無数の奇岩が林立している。石灰岩の浸食でできた鍾乳洞も必見。

胡王朝の城塞

胡王朝はわずか7年という短命でありながら、当時の東南アジアで最大規模と言われる立派な石城を築いた。現在は城門のみが残っている。

フォンニャ・ケバン国立公園

ラオス国境近くの原生林に囲まれた国立公園。大小約300の鍾乳洞を有し、約2億5000万年前に形成されたフォンニャ洞窟や全長9kmで世界最大の洞窟、ソンドン洞窟などがある。

フエの建造物群

中国の紫禁城を模して造られた阮朝王宮や歴史ある寺院や帝廟など、古都フエに点在する歴史的建造物群。

古都ホイアン

ノスタルジックな雰囲気漂う港町。色とりどりのランタンが有名で、旧市街には東西の文化が入り混じった古い家屋が多く残っている。

ミーソン聖域

4～13世紀頃、ベトナム中部沿岸と中部高原を支配していたチャンパ王国の聖地だった場所。ヒンドゥー教シヴァ神信仰地であり、赤褐色の煉瓦で造られた塔など70以上の祠堂が残っている。

ベトナム会話帳

　現地の人とコミュニケーションをとりたいなら、「**Xin chào**（シンチャオ）：こんにちは」、「**Cảm ơn**（カムオン）：ありがとう」「**Vâng**（ヴァン）：はい」「**Không**（ホン）：いいえ」「**Xin lỗi**（シンローイ）：すみません」の5つのワードは、自分の言葉で言えるようにしておくと便利です。そのほか、よく使う会話を集めました。

基本会話・トラブル

○○に行きたい	Tôi muốn đi ○○.	（トイ・モアン・ディ・○○）
ここはどこですか？	Đây là ở đâu?	（デエイ・ラー・ドォウ）
トイレはどこですか？	Nhà vệ sinh ở đâu?	（ニャ・ヴェ・シン・オ・ドォウ）

ショッピング・ホテル

これはいくらですか？	Cái này giá bao nhiêu.	（カイ・ナイ・ジャ・バオ・ニエウ）
これをください	Cho tôi món này.	（チョー・トイ・モン・ナイ）
まけてください	Xin bớt cho tôi.	（シン・ボッ・チョー・トイ）
おつりをください	Xin thối tiền lại cho tôi.	（シン・ツォイ・ティエン・ライ・チョー・トイ）

レストラン・食材・調理法

メニューを見せてください	Xin cho tôi xem thực đơn.	（シン・チョ・トイ・セム・ツック・ドゥン）
○○が食べたいです	Tôi muốn ăn ○○.	（トイ・ムオン・アン・○○）
おいしいです！	Ngon quá!	（ゴン・コア）

メニューを見るときに役立つ単語

Bò	（ボ）	牛
Gà	（ガ）	鶏
Cá	（カ）	魚
Cua	（クア）	カニ
Chanh	（チャイン）	ライム
Rau mùi/Ngò rí	（ラウムイ）	コリアンダー（パクチー）
Rau	（ラウ）	野菜
Ớt	（ウット）	唐辛子
Dấm	（ザム）	酢
Nước mắm	（ヌクマム）	ヌクマム
Phở/Bún	（フォー/ブン）	米麺
Miến	（ミエン）	春雨
Salad	（サラッド）	サラダ
Xôi	（ソイ）	おこわ
Cuộn	（クオン）	巻く
Gói	（ゴイ）	包む

フォーの注文に役立つ単語

Gỏi	（ゴイ）	あえる
Hấp	（ハップ）	蒸す
Nấu	（ナウ）	煮る
Nướng	（ヌオング）	焼く
Rán/Chiên	（ラン/チエン）	揚げる
Xào	（サオ）	炒める
Phở bò	（フォーボー）	牛肉のフォー
Tái	（タイ）	生肉入り
Chín	（チン）	火の通った肉
Tái chín	（タイチン）	生肉と火の通った肉の両方
Nạm	（ナム）	肩バラ肉
Gân	（ガン）	牛すじ
Viên	（ヴィエン）	肉団子
Phở gà	（フォーガー）	鶏肉のフォー
Đùi gà	（デゥイガ）	鶏もも肉
Phở cá	（フォーカー）	魚のフォー

第2章

交通、治安、トイレ
事情を知っておこう

日本からベトナム行きの飛行機事情
都市間移動も飛行機が便利!

直行便を4社が運航

　日本からベトナムのハノイ、ホーチミン、ダナンへは、毎日飛行機が出ています。**直行便が出ている航空会社は、日本航空（JAL）、全日空（ANA）、ベトナム航空（VN）、LCCのベトジェット・エア（VJ）の4社です**。ホーチミンとハノイへは便数も多く、成田からは毎日3～6便飛んでいます。日本からの所要時間は5～6時間半程度ですので、機内食と映画を1本楽しむのにちょうど良い長さです。

　なお、短期間の旅行なら、飛行機単体で手配するよりも、**往復航空券とホテルだけがセットになった、パッケージツアーの方が大幅**

日本からの直行便

	出発地	運航本数	出発時刻	航空会社（共同運航あり）
ハノイ行き	成田	毎日3便	9:30、10:00、18:30	ANA、JAL、VN、VJ
	羽田	毎日2便	8:55、16:35	ANA、VN
	名古屋	毎日1便	10:15	ANA、VN
	大阪	毎日2便	9:20、10:30	ANA、JAL、VN
	福岡	毎日1便	10:30	ANA、VN
ホーチミン行き	成田	毎日6便	8:55、9:30、14:55、16:45、17:50、19:05	ANA、JAL、VN、VJ
	羽田	毎日1便	1:30	JAL
	名古屋	毎日1便	10:00	ANA、VN
	大阪	毎日1便	10:30	ANA、VN
	福岡	月曜以外毎日1～2便	8:55、10:30	ANA、VN
ダナン行き	成田	毎日1便	10:00	ANA、VN
	羽田	毎日1便	2:30	VJ
	大阪	毎日1便	9:30	ANA、VN

※2019年11月現在　スケジュールは頻繁に変更されます。

に安くなることが多いです。安い時期なら、往復航空券とホテルが
セットで3万円前後から出ています。添乗員などはおらず、終日自
由行動のため、個人旅行のように楽しむことができます。

ベトナム国内の長距離移動は飛行機で

　ベトナム国内の3大都市間の飛行機は便数も多く、価格もLCCな
ら鉄道とほぼ変わらないため、**最も手軽で効率的な移動手段**。ホー
チミンからハノイまで約2時間、ダナンからホーチミン、ハノイま
では約1時間20分で移動できます。

国内線の搭乗手続き

　ベトナムの空港は、ターミナルが国内線と国際線に分かれていま
す。タクシーで空港へ向かう場合は、外国人=国際線と思い込んで
いる運転手も多いので、国内線（ドメスティック）ターミナルに行
きたいと、ちゃんと伝えましょう。国内線でも、外国人はパスポー
トが無ければ飛行機に乗ることができません。**チケットとパスポー
トを準備して、出発時刻の2時間前には空港に到着**するようにしま
しょう。

飛行場のある主要観光都市

都市名	空港名
カントー	カントー国際空港
ダラット	リエンクオン国際空港
ダナン	ダナン国際空港
ハノイ	ノイバイ国際空港
ホーチミン	タンソンニャット国際空港
フエ	フバイ国際空港
ニャチャン	カムラン国際空港
フーコック島	フーコック国際空港
ドンホイ	ドンホイ空港
ブンタウ	ブンタウ空港

コツ07 Vietnam タクシーを使いこなそう
おすすめタクシー会社と便利なアプリ

タクシーに乗るならこの2社で決まり

　ベトナムのタクシーは、市内なら5万VND（約250円）あれば大抵のところは移動でき、ちょっとした移動に大変便利です。電車が発達していないため、現地の人も日常的に利用しています。旅行者は、ぼったくりの被害が心配かと思いますが、**大手タクシー会社、マイリンタクシー（MAILINH）とヴィナサンタクシー（VINASUN）なら、比較的安心して利用できます。** ベトナム全土で展開するマイリンタクシーは緑の車体が目印、ホーチミンで

マイリンタクシー

ヴィナサンタクシー

よく見かけるヴィナサンタクシーは白い車体に赤と緑のラインが目印です。ロゴや色が微妙に違う偽物も多いので、よく確認しましょう。

タクシーの捕まえ方

　ベトナムでタクシーを捕まえる方法は、3通りの方法があります。

- ●流しのタクシーを捕まえる
- ●ホテルやお店のスタッフ、配車スタッフに呼んでもらう
- ●配車アプリ「Grab」を使う　（後述）

26

　ホーチミンであればドンコイ通りやパスター通り、ハノイであれ
ばホアンキエム湖周辺など、**主要観光エリアであれば、簡単に流し
のタクシーを捕まえることができます**。おすすめタクシーのマイ
リンタクシー、ヴィンサンタクシーもたくさん走っています。

　誰かに呼んでもらうなら、ホテルのフロントやお店のスタッフに
電話で呼んでもらうほか、大きなショッピングセンターやホテルの
入口には、タクシー会社の配車スタッフが立っているので配車を頼
むことができます。マイリンタクシーは緑色のシャツ、ヴィナサン
タクシーは白か緑のシャツに緑色のベストを着ています。

配車アプリ「Grab」を使いこなそう

　「Grab」（https://www.grab.com/vn/en/）は、登録されているタ
クシーやバイクタクシーを手配できるアプリです。**ぼったくりの被
害に遭いにくく、安心して利用できる**として現地のベトナム人にも
使用されています。東南アジアの8ヵ国で展開しており、ベトナム
でもホーチミンやハノイ、ダナンなど36の主要都市で使えます。

　対応言語は英語とベトナム語のみですが操作は難しくありません。
乗車地と目的地をアプリの地図上で設定し検索すると、近くにいる
手配可能な車が表示されるので、車種とドライバーを選択。料金が
表示され、その金額でOKなら予約ボタンを押します。支払いは乗車
時に現金払いか、もしくは事前にクレジットカード払いが選べます。
**カード払いは運転手とその場でお金のやり取りをしなくて済むので
ぼったくりの心配もなく、安全**です。

　ベトナムの運転手は英語を話せない人も多いのですが、このアプ
リは、直接ベトナム語で会話をする必要がないのも魅力。また、予
約前にドライバーの評価も見られるので安心です。

コツ08
Vietnam

タクシーのメーターは1000VND単位
お釣りは返ってこない?

タクシーの料金システム、メーターの見方

ベトナムのタクシーメーター

タクシーに乗ったら、ぼったくり防止のため、**まずメーターがちゃんと動いているかどうか確認**しましょう。タクシー会社や車種によって差はありますが、初乗り料金はだいたい1万VND（約50円）です。そこから1キロにつき、1万5,000VND（約75円）程度が加算されていきます。

注意したいのは、タクシーメーターの見方。**表示されている数字は1,000VND単位**になっています。例えば、メーターに「35.0」と表示されていたら、この金額に1,000をかけた3万5,000VND（約175円）が運賃ということになります。

タクシーの支払い方法　チップは気持ちで

マイリンタクシーとヴィナサンタクシーなら、クレジット払いが可能です。それ以外のタクシーでは現金払いが基本になりますので、お釣りをごまかされないためにも、少額の紙幣を準備しておきましょう。また、チップは基本必要ありませんが、**お釣りが1万VND以下の端数になった場合、お釣りが戻ってこないことが普通**です。50円以下の少額ですから、ぼったくられた！と怒らずに文化として受け止めましょう。1万VNDを超えるお釣りであっても、もともと物価の安いベトナムですから気持ち程度にお釣り分をチップとして渡す人も多いです。

ラッシュアワーは要注意

　ベトナム人は通勤も通学もバイクが基本。ラッシュアワー（6:00
〜9:00、16:30〜19:00）は道路が大変混み合います。そのため、**道
路によっては決められた時間帯にタクシーの通行が規制**されている
ところも。2020年1月時点では、ハノイのカムティエン通り、ザン
ボー通りでラッシュアワーの時間が、フーズアン通りでは24時間タ
クシーは通行止めになっています。

地方では定番、バイクタクシー

　ベトナムのあちこちで見かけるバイクタ
クシー。バイクの後部座席に乗客を乗せる
タクシーで、運賃は交渉制です。ベトナム語では「セーオム」と呼
び、現地の人々が気軽に使う足として重宝されています。**地方では
タクシーはなかなか見つからず、バイクタクシーしか捕まらないこ
とも多い**です。ただし、営業には特に申請が必要なく、**悪質なドラ
イバーも多いので注意**が必要です。使用する際は、配車サービス
「Grab」（コツ7参照）の利用がおすすめ。事前にWEB上で支払いも
済ませれば、トラブルに遭いにくいです。

ベトナム風人力車、シクロ

　人力車の座席が前方に付いたような自転車、シクロ。昔はベトナ
　ム人の庶民の足として活躍していましたが、バイクが増えた今
は観光用になっています。写真映えもしますし、のんびり景色を眺
めながら揺られるのも楽しいですよ。運賃は交渉制です。路上で呼び込むシク
ロは、ぼったくりや、仲間のたまり場に連れ込まれるという話もあり、評判がよ
くありません。移動の手段として使うのではなく、シクロ乗車体験付きの現地ツ
アーなどで、安全に楽しく利用するのがおすすめです。

バスなら格安で長距離移動
時間さえあればどこでも行ける

中・長距離バスと近郊バス

　ベトナムで電車代わりに使われているバスは大きく分けると、**街と街を結ぶ中・長距離バスと、市内を回る近郊バスの2種類**があります。バスは、都市部はもちろん地方までくまなく網羅しており、時間はかかるものの**中・長距離バスを使えば飛行機より安く、ベトナム全土どの街へも行くことが可能**です。長距離バスの中にはリクライニングシートや簡易ベッドで完全に横になれる寝台バスや、トイレや食事が付いたもの、24時間以上かけて運行する超長距離バスもあります。なお、寝台バスでは基本Wi-Fiを無料で使うことができます。

	概要	利用者層	運賃	チケットの買い方
中・長距離バス	街のバスターミナルが発着地で、街と街を結ぶ。複数のバス会社が運行。	現地の人と、多くの旅行者も利用。	会社や車種、距離によって運賃はさまざま。例えば、ハノイからハロン湾のあるバイチャイまで所要時間約4時間、8～10万VND（約400～500円）程度。	バスターミナルのチケット売り場で購入。最近ではWEBから事前に購入できる会社も多い。
近郊バス	主に市内を回る公営の路線バス。市内のバス停を巡る。	主に現地の人が利用。	バスによって異なるものの概ね一乗車一律1万VND（約50円）程度。車掌の言い値のようなところもあり、外国人ということで少し多く見積もられても相場は3万VND（約150円）程度。	乗車後、車掌から購入。ベトナム語しか通じないため、目的地の写真やベトナム語訳などを準備しておくと良い。

中・長距離バスの乗り方

　バスターミナルに行くと、バス会社の窓口がズラリと並んでいます。スタッフは旅行者に慣れているので、片言の英語でも理解してくれます。チケットの購入は事前購入もできますが、運行本数の多い行先でバス会社にこだわらなければ、当日でも購入できます。

ただし、バス会社によってはぎゅうぎゅう詰めにされ、空調や椅子が壊れていることも。**おすすめのバス会社は民間バス最大手「フーンチャンバス」**(Phương Trang)。オレンジの車体が目印で、主にホーチミンを拠点に走っています。他社に比べて運賃は少し高いですが、上記のような劣悪な環境になることはまずありません。また、フーンチャンバスはデタム通りに支店があり、そこでチケット購入や、乗車も可能。バスターミナルより市街地からアクセスがよく、便利です。

フーンチャンバス

近郊バスの乗り方

バスにはすべて番号が振られています。後述の「Bus Map」で事前に何番のバスに乗ればいいか確認しておきましょう。バス停にバスが来たら、**手を上げて乗車の合図をします。**乗車後、**車掌に目的地を告げて料金を支払い、切符を受け取ります。**前述の通り、バス内は英語も通じませんので、写真などで目的地を伝えましょう。降りるときは、**車掌に声をかけて停めてもらうか、日本と同じようにブザーがある**バスもあります。**乗り降りのポイントは、とにかく素早く！** モタモタしていると乗り降り中でも発車してしまうのでとても危険です。

路線バス案内アプリ「Bus Map」

バスが充実しているベトナム。たとえばホーチミンには100以上の路線、2000以上のバス停があります。挑戦したくてもどのバスに乗ればいいかわからない…。そんなときは、この「Bus Map」(https://busmap.vn/)。ハノイ、ダナン、ホーチミンの路線バスに対応し、出発地と目的地を入力すると、**バス停の地図やバス番号、ルートを示してくれます。**出発地はGPSで最寄りのバス停を選ぶことも可能。マップ上のバス停をタップすると、次のバスが来るまでの待ち時間も教えてくれます。

空港から市内への行き方
タクシーやバスの安全な利用方法

空港から市内へのアクセス方法

　現地の空港から市街地までの移動方法は、①タクシー、②路線バス、③ホテルや旅行会社の送迎バス、の大きく3つあります。

● ハノイ（ノイバイ国際空港）

　路線バスやタクシーのほかに、エアポートミニバスという格安の乗り合いバスも運行しています。ただし、ミニバスはタクシー以上に料金トラブルが多く、指定した場所と全く違う場所で降ろされるトラブルも多発していますので初心者にはおすすめしません。

● ダナン（ダナン国際空港）

　市の中心部から距離も近く、バスは少ないので、タクシーで移動するのが一般的。タクシー乗り場には主要なリゾートホテルへの運賃の目安が掲示されているので参考にしましょう。

● ホーチミン（タンソンニャット国際空港）

　とにかく安く行きたいなら路線バスがおすすめ。15～30分間隔で運行しているので非常に使い勝手が良いです。

空港から市街地までのアクセス

	市の中心部までの距離	市街地までの主な移動手段（送迎バス除く）	運賃目安	所要時間目安
ハノイ（ノイバイ国際空港）	30 km	路線バス	1～3万VND（約50～150円）程度	約1時間
		タクシー	40万VND（約2,000円）程度	約40分
		エアポートミニバス	一律4万VND（約200円）	約40分
ダナン（ダナン国際空港）	3 km	タクシー	7万VND（約350円）程度	約15分
ホーチミン（タンソンニャット国際空港）	8 km	路線バス	5,000～4万VND（約25～200円）程度	約45分
		タクシー	15万VND（約750円）程度	約20分

空港から安全にタクシーに乗るには

タクシー乗り場に向かう途中、たくさん客引きに声をかけられます。これらはほぼ悪徳タクシーと思って間違いなし。無視しましょう。**安全なタクシー（コツ7参照）に乗るのが一番**です。タクシー乗り場にはスタッフがいて、車まで案内してくれます。タクシーの数は多く、深夜到着の便でも捕まると考えて大丈夫。ただし、混雑しているので並ぶことも。混雑がひどいときは、出発ロビーまで移動するという手もあります。また、**配車アプリ（コツ7参照）の利用もおすすめ**です。なお、タクシーの場合、**運賃の他にタクシーの空港使用料が一律1万VND（約50円）加算されます**ので、請求されても慌てないようにしましょう。

空港から乗るバスは番号で確認

空港のバス乗り場

ベトナムの路線バスにはすべて路線の番号が振られているので、**番号を頼りに行先を確認できます。**

ベトナムでは頻繁に路線が変更になるので、**「BusMap」（コツ9参照）で最新の路線図や時刻表を確認**しておくと安心です。また、大きな荷物には1人分の運賃がかかる場合がありますので注意しましょう。

空港と市街地を結ぶ主な路線バス

	路線番号	運行時間、運行間隔	主な経由地	終点
ハノイ（ノイバイ国際空港）	86番	6:30～23:10 25～30分間隔	ロンビエン・バスターミナル、オペラハウス、メリアハノイホテル前	ハノイ駅
	109番	5:00～21:30 20～30分間隔	ボーバンキエット通り、ボーバンキエット通り、タンロン橋、ファムバンドン通り、ファムフン通り	ミーディンバスターミナル
ホーチミン（タンソンニャット国際空港）	109番	5:30～0:00 20～30分間隔	ベンタン市場、パスツール研究所、ヴィンギエム寺、統一会堂	9月23日公園
	152番	5:30～18:30 12～20分間隔	ベンタン市場、統一会堂、ヴィンギエム寺、パスツール研究所、スリ・タンディ・ユッタ・パニ	KDCチュンソン

現地ツアーでお得に楽ちん観光 バスの種類は要チェック

ツアーで行くVS自力で行く

現地に着いてから観光地を巡るとき、公共交通機関を使って個人で自由に観光するのも面白いですが、**観光地によってはツアーに申し込んだ方が利便性がはるかによい場所もあります。**

例えばメコンクルーズ。ホーチミンから最寄りのミトーまではバスで行けますが、バスを降りてからクルーズ乗り場まではバイクタクシーで行く必要があります。バス+バイクタクシーで往復8万VND（約400円）、それにクルーズ代の35万VND（約1,750円）が足され、合計約2,150円です。これに対して格安の現地ツアーは往復のバスとクルーズ代も含んで10US$（約1,000円）からあります。

ツアーなら市街地から出発するのでホテルから近いですが、自力で行く場合は市街地から離れたバスターミナルまでタクシーや路線バスで移動する必要があります。

つまり、パックになっている**現地ツアーの方が個人で行くよりもお得で利便性が高い場合も少なくない**のです。

現地ツアーの申し込み方法

現地ツアーは日本からでもサイトから申し込みできます。「VEL-TRA」（https://www.veltra.com/jp/asia/vietnam/）などの海外現地ツアー比較サイトではさまざまな旅行会社がツアーを掲載していてそれぞれのツアーの口コミを見て予約することができます。また、ベトナムの日系ツアーデスク「TNKトラベル」（https://www.tnkjapan.com/）、「The Shin Tourist」（https://www.thesinhtourist.vn/）では、自社のWEBサイトから予約することができます。TNKトラベルは日本語サイトもあります。ここで口コミを参考にしながら現地ツアーを選べば、失敗も少ないと思います。また現地のホテルのフロントや現地のツアーデスクに出向いてツアーに申込む方法もあります。

日系ツアーデスクの主要都市店舗一覧

	ハノイ	ダナン	ホーチミン
TNKトラベル	ハンチエウ通り	チャンクックトゥアン通り	ブイヴィエン通り
The Shin Tourist	チャンニャットズアット通り、ルオンゴッククエン通り	2月3日通り	デタム通り、フォードゥックチン通り

　ツアーデスクはバックパッカー街と呼ばれる通りに多数あり、ハノイならゴーフィン通り、ホーチミンならファングーラオ通り周辺に多数並んでいて、ここで格安の英語のツアーを探せます。

ツアー申し込みの際に注意すべきこと

　ツアーを申し込む際は、**まずピックアップ場所を確認**しましょう。多くはツアー会社の店舗、主要ホテル、その付近のバスが待機できる場所になります。オプションでホテルまでの送迎を追加できることも多いです。特に夜遅くに店舗で解散するツアーの場合は、そこ**から自力でホテルまで帰れるのか、よく確認**しましょう。

　バスの種類にも要注意です。なかにはクーラーが付いていないバスもあり、猛暑の時期は悲惨なことになります。また、第8章で紹介している郊外への長距離移動をバスでするなら、ゆったりした広さの寝台バスがおすすめです。仕切り付きで個人のスペースがしっかり確保され、完全に横になれるカプセルホテルのようなバスもあります。

現地ツアーの定番を把握して、失敗しないツアー選びと申し込み

ツアー内容や適正価格を把握する

　現地のツアーデスクで言われるがまま申し込んでしまい、安いと思ったらそうでも無かった、他のツアーでは必ず立ち寄るスポットに寄らないツアーだった、というのはよく聞く失敗談です。

　現地ツアーの相場料金や定番の流れをあらかじめ把握しておくことで、いざ現地のツアーデスクや日本からインターネットで申し込むときに、内容の充実度や料金を比較検討することができます。

出発地別　人気ツアー例　■ハノイ発

		内容	料金 （目安）	時間 （目安）
定番！	ハロン湾 クルーズ日帰り	約4時間のハロン湾クルーズ。クルーズしながらベトナムのシーフードランチを食べ、最後にライトアップされたティエンクン鍾乳洞を見学。昼食、日本語ガイド、ホテル送迎付き。	68US$ （約6,800円）	8:00 〜 19:00
	ハロン湾 クルーズ 1泊2日	5つ星の新造船アテナ号に宿泊するハロン湾クルーズ。ハロン湾の夕日と星空を堪能できる。ティエンクン鍾乳洞のほか、漁村でカヤック体験や真珠養殖を見学。食事、英語ガイド、ホテル送迎付き。	312US$ （約31,200円）	7:00 〜 翌15:00
定番！	チャンアン 日帰り	ベトナムを代表する景勝地チャンアン。8つの洞窟を小舟で巡る。古代遺跡ホアルーにも立ち寄り、見学。昼食、日本語ガイド、ホテル送迎付き。	85US$ （約8,500円）	8:00 〜 18:30
	タムコック 日帰り	「陸のハロン湾」と呼ばれるタムコックを小舟で川下り。古代遺跡ホアルーにも立ち寄り、見学。昼食、日本語ガイド、ホテル送迎付き。	75US$ （約7,500円）	8:00 〜 19:00
	市内観光半日	ホーチミン廟、タンロン遺跡、一柱寺、文廟、ホアンキエム湖、旧市街散策。昼食、日本語ガイド、ホテル送迎付き。	40US$ （約4,000円）	7:00 〜 12:40
	バッチャン 村半日	ベトナム伝統の陶磁器、バチャン焼きの制作風景を見学。土産店で買い物。午前と午後のプランあり。食事なし。日本語ガイド、ホテル送迎付き。	35US$ （約3,500円）	9:00〜 12:00、 13:00〜 16:00

価格の違いはガイド、食事、バス、送迎

　同じツアー行程でも金額が違う場合があります。ツアーデスクによって取り分が違うこともありますが、多くは**ガイドの有無、ガイドの言語（英語、日本語、ベトナム語）、食事内容、バスの種類、送迎の有無、宿泊の場合はホテルのランクなど**で金額が変わってきます。

　郊外の穴場スポットへのツアーはまだ申込者が少ないため金額も高めですが、人数が少ないため融通が利き、ガイドへも質問しやすく、逆にお得感があることも。運が良ければ貸し切りになって、プライベートツアー状態になることもあります。

■ダナン発

		内容	料金(目安)	時間(目安)
定番!	夜のホイアン日帰り	ランタンに明かりが灯る夜のホイアンを散策。灯篭流し体験。ホイアン名物のホワイトローズが付いた夕食付き。日本語ガイド、ホテル送迎付き。	55US$ (約5,500円)	15:00 〜 21:30
定番!	ミーソン遺跡日帰り	ガイドの説明を聞きながら遺跡を見学。後半は自由行動。食事なし。日本語ガイド、ホテル送迎付き。	55US$ (約5,500円)	7:20 〜 12:30
	フエ日帰り	古都フエにて、グエン朝王宮やカイディン帝廟を見学。途中、ドラゴンボートにも乗船。宮廷料理のランチ付き。日本語ガイド、ホテル送迎付き。	110US$ (約11,000円)	7:20 〜 17:00
	ミーソン遺跡、フエ、ホイアン1泊2日	ダナン市内観光(五行山、ダナン大聖堂、チャム博物館)、ミーソン遺跡、ホイアン旧市街、ナイトマーケットの散策。グエン朝王宮、カイディン帝廟、ドラゴンボート乗船。宮廷料理のランチが入った1泊4食付き。ホイアン市内ホテル泊。日本語ガイド、ダナンのホテル送迎付き。	250US$ (約25,000円)	7:30 〜 翌20:00

■ホーチミン発

		内容	料金(目安)	時間(目安)
定番!	メコンクルーズ日帰り	小型船＋手漕ぎ舟でメコンクルーズ。ココナッツキャンディー工房、果樹園、養蜂場見学。ミトー名物象耳魚の唐揚げ付きランチ、日本語ガイド付き。行きはホテルお迎え、帰りはベンタン市場、ドンコイ通り、人気チョコレート店「MAROU」のいずれかで解散(選択可)。	40US$ (約4,000円)	8:00 〜 16:00
定番!	メコンクルーズ＋クチトンネル日帰り	上記メコンクルーズに、クチトンネルへも立ち寄るプラン。トンネル内部の見学、キャッサバの試食など。ミトー名物象耳魚の唐揚げ付きランチ、日本語ガイド、ホテル送迎付き。	70US$ (約7,000円)	7:30 〜 18:00
	フーコック島1泊2日	島内では終日自由行動。ホテル内のジム、プール、フィットネスレッスン全て無料。プライベートビーチ付きのリゾートホテル宿泊の1泊2日、3食付き。往復航空券、フーコック国際空港からホテルまでの送迎付き。	390US$ (約39,000円)	7:00〜12:00 ホーチミン発、 翌17:00〜 21:00 ホーチミン着
	ムイネー1泊2日	妖精の渓流スイティエン、ホワイトサデューン自由散策、ポー・ハイ遺跡をガイドの解説を聞きながら見学。ファンティエットのホテルで1泊2日、朝食1回、昼食2回付き(夕食は各自)。日本語ガイド、ホーチミンのホテル送迎付き。	230US$ (約23,000円)	7:00 〜 翌17:00

コツ13 Vietnam
時間があるなら乗ってみたい！ベトナム統一鉄道

ベトナムを縦断する統一鉄道

統一鉄道は、ハノイ～ホーチミンを結ぶ全長約1,726kmの南北線を主要路線とするベトナムの国営鉄道です。

統一鉄道

電化されていないディーゼル機関車のため、日本の電車のようにスピードは出ず、ハノイ～ホーチミンまで31～38時間ほどかかります。

列車はテレビ番組「世界の車窓から」に出てきそうな雰囲気があり、特に4人部屋、6人部屋の寝台列車はとても風情があります。なかでも、**ホーチミンからニャチャンを結ぶゴールデントレインと呼ばれる寝台列車は、近年改装され、旅行者に人気です**。ホーチミンからニャチャンまで約8時間。夜20:30の列車に乗り込めばたっぷり眠って明け方6:00にはニャチャンに到着します。宿代も節約でき、窓から朝日に照らされたベトナムの原風景も楽しめます。同じ部屋になった旅人との出会いも寝台列車ならではの思い出となるでしょう。

さまざまな座席の種類

運賃 安 ↓ 高		
	ハードシート	木製の椅子で、背もたれはほぼ直角。 エアコンの有無が選べる。
	ソフトシート	狭いがリクライニング式の柔らかい椅子。 エアコンの有無が選べる。
	ハードベッド （6人部屋）	3段ベッドが2つ入った6人部屋。薄めのマット。 列車によってコンセントある場合もあり。エアコン付き。
	ソフトベッド （4人部屋）	2段ベッドが2つ入った4人部屋。厚めのマット。 コンセントあり。エアコン付き。

長距離ならソフトシート以上、夜行でしっかり眠りたいならソフトベッドがおすすめです。ハードシートは地べたに寝転ぶ人がいて、ほぼ無法地帯。運賃は安いですが、あまりおすすめしません。

38

チケットを手配する方法

　鉄道は本数が少ないため、予約が必要です。**テトなどの祝祭日前後や仲間と隣の席にしたいなら、1週間前には予約したい**ところ。チケットは約1ヵ月前から、以下の3つの方法で予約購入できます。

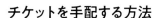

❶駅の窓口で購入する
各駅の窓口で、チケットを予約購入できます。旅行者の多い主要な駅では英語が通じます。英語が不安な場合は、事前にWEBサイトで時刻表を調べ、紙に行先、日程（出発時刻）、座席の種類を書いておくと安心です。
❷現地や日本の旅行会社で手配してもらう
多くの旅行会社でチケット予約を代行してもらえます。コンシェルジュがいるホテルでも手配してもらえます。手数料を取られますが、最も簡単で確実な方法です。
❸WEBサイトから自分で手配する
ベトナム鉄道のホームページ（https://dsvn.vn/#/）、ベトナム鉄道正規代理店Baolau（baolau.com）から予約購入が可能です。どちらのサイトも一部英語表記が選択でき、操作もシンプルでわかりやすいです。

　❸でクレジットカード決済できるのはBaolauのみです。3％程度の手数料がかかりますが、日本で確実にチケットを自力で手配するならBaolau一択となります。ベトナム鉄道のホームページから予約する場合は、現地の郵便局や銀行での後払いになります。ただし、予約後48時間以内に支払わないとキャンセルになると記載されているものの、30時間後にキャンセルされたという話も聞きますので、すぐ支払えない限りおすすめしません。

　ベトナム鉄道のホームページでは、時刻表や空席状況がリアルタイムでわかるので、どの方法で手配する場合も一度チェックしておくと良いでしょう。なお、チケット購入時、乗車時はパスポートが必要ですので忘れずに。

ベトナムの治安で注意すべきこと、注意すべきエリア

ひったくりやスリに要注意

比較的治安は悪くないといわれるベトナム。しかし、まだまだ発展途上で貧富の差が激しい国です。凶悪犯罪は少ないですが、**観光客を狙ったスリや置き引き、ひったくりなどの軽犯罪は頻発**しています。

特に注意すべきなのは、買い物や両替で財布を出したとき、ホテルのフロントで手続きするとき、スパやマッサージで施術を受けているときなど、鞄から目を離してほかに注意が向いているとき。**狙われているのは財布やパスポートだけではありません**。iPhoneなどの**スマートフォンはベトナムでは大変高価**なので、旅行者が鞄から取り出して写真を撮ったり片手で持ち歩いたりするときに非常にひったくりされやすいです。スマートフォンを必要以上に取り出さず、使うときはストラップを手に巻き付けるなど、対策しましょう。

白タクは絶対に利用しないこと

タクシーでのトラブルはよくあります。メーターに細工がされていたり、ベトナムドンで計測されているはずのメーターをドルだと言われたりして高額な料金を請求されることが多いです。また、仲間とグルになって車を降りた瞬間に目隠しされて財布を取られたり、ちゃんと支払ったのに紙幣を隠されて足りないと言われたり。**白タクはほぼ確実にトラブルに遭うので絶対に利用しないこと**が賢明。在ホーチミン日本領事館のホームページからダウンロードできる**「ぼったくり防止カード」**を利用することも抑止効果があります。

また、**バイクタクシーのトラブルも多い**です。観光地で客引きを

し、流暢な日本語でしつこくつきまとってくるドライバーには要注意。ぼったくりだけでなく、強盗やレイプ事件も起きています。**バイクタクシーを利用するなら「Grab」(コツ7参照)の利用を。**通常のバイクタクシーよりも安価ですし、距離に応じた定額制で事前に目的地までの運賃がわかっているのでトラブルに遭いにくいです。

3 大都市の注意すべきエリア

● ハノイ

ハノイはベトナムの中でも治安が良いですが、旧市街は夜になると途端に人が少なくなり、酔っ払いや売春婦も多いので夜の一人歩きはおすすめしません。また、ナイトマーケットは特にスリが多く、刃物でバッグを切り裂いて無理やり貴重品を奪う手口も報告されています。そのほか、日本人が特に狙われやすいのは、強い口調で募金を迫られるトラブル。遭遇したら日本人ではないと主張するのも手。また、勝手に靴磨きしはじめて代金を請求されるトラブルもよく聞きます。常に隙を与えないように気を付けましょう。

● ダナン

ベトナム人の間でも治安がいい町として知られるダナンは、タクシーや店員にぼったくられることも滅多にありません。歩道と道路がしっかり区別されていることが多いので、バイクでひったくられる危険性も低いです。夜遊びするなら深夜も観光客でにぎわっているミーケー・ビーチ周辺がおすすめです。

● ホーチミン

ホーチミンの治安もさほど悪くないのですが、ファングーラオでは夜になるとドラッグの斡旋業者が出てきます。ベトナムでも違法なので、絶対に手を出してはいけません。また、中華街のチョロンは、夜になるとベトナム人も近寄りたがらない危険地区になります。夜は近づかない方が良いでしょう。

コツ15
Vietnam

ベトナムのトイレ事情
緊急時に使えるトイレはここだ!

ベトナムのトイレはシャワー付き?

　ベトナムのトイレは、**NỮ(ヌー)が女性用、NAM(ナム)が男性用トイレ**です。洋式が主流ですが、古い建物や地方ではまだまだ和式が残っています。**トイレットペーパーは無いことが多いので、**ポケットティッシュは日本から持っていきましょう。便座が汚いことがあるので、**ウェットティッシュも持ち歩くと安心**です。また、**トイレットペーパーは流せないことが多く、ごみ箱が備え付けられているのでそこに捨てる**ようにしましょう。うっかり流すとトイレが詰まってしまうので、気を付けてください。

　また、**便座の横に小型のシャワー**が備え付けられていることがあります。これは**ベトナム版ウォシュレット**。たまに、このシャワーのせいで便座がびしょびしょに濡れていることもあります。また、便座や水を流すレバーが無いトイレもあり、便座が無い場合は中腰で用を足すしかありません。水を流す際は、隣に**水を汲んだバケツが置いてあ**りますので、それで水を流します。

シャワーが付いたベトナムのトイレ

緊急時に借りられるトイレ

　ベトナム観光中にトイレに行きたくなったら、デパートやショッピングモール、飲食店、ホテル、オフィスビルなどで借りることができます。**日系のデパートや、比較的新しい商業施設はトイレもキ**

レイなことが多いです。日系企業が入っているような**オフィスビルのトイレ**も、**日本人が抵抗なく使えるレベルの清掃がされている穴場**スポットです。場所によっては止められることもありますが、**大きなホテルならロビーのある階にトイレ**があって、誰でも使用できます。カフェやレストランでトイレを借りるときは、何か注文するようにしましょう。これらのトイレは基本的に無料です。

公衆トイレ

　その他、街中には公衆トイレがあります。これは**有料のものも多く、料金は1,000〜3,000VND（約5〜15円）程度**。有料でも清潔かどうかはまた別の話で、緊急時以外は使わない方がよいでしょう。

どうしてもウォシュレットがいいなら

　一部のホテルでは、日本式のウォシュレットが備わっています。全客室に日本式ウォシュレットを完備したホテルから、おすすめホテルを価格帯の高い順にピックアップしました。

ハノイ	ホテル デュパルク ハノイ（Hotel du Parc Hanoi） ロッテ ホテル ハノイ（Lotte Hotel Hanoi） サクラ ホテル（Sakura Hotel） ホテル ル カルノ（Hotel Le Carnot）
ダナン	ヴィンパール ラグジュアリー ダナン（Vinpearl Luxury Da Nang） グランヴィリオ オーシャン リゾート ダナン（Grandvrio Ocean Resort Danang） たびのホテルダナン（Tabino Hotel Da Nang）
ホーチミン	ロッテ レジェンド ホテル サイゴン（Lotte Legend Hotel Saigon） ホテル ニッコー サイゴン（Hotel Nikko Saigon） グレイシー R&Jホテル（Gracy R&J Hotel） 松乃井ホテル（MATSUNOI HOTEL）

スパ・エステで至福のひととき
日本の⅓〜半額でサービスが受けられる

✦　✦　✦

「格安マッサージ」では、フット、ボディなど60分以内の単品マッサージが人気で、金額は30万VND（約1,500円）が平均。ひたすら安いことを謳うだけの店にはトラブルが多いので、避けるのが無難です。

「街中のスパ・マッサージ」は120分以内のコースで、フェイシャル＋ボディなど組み合わせるのがおすすめ。相場は50〜100万VND（約2,000〜5,000円）です。

「高級スパ」は様々なマッサージに加え、クレンジングやアロマ、ヘアの施術、お茶や軽食のサービスなどを2〜6時間程度でゆったり楽しむプランが一般的です。相場は100〜300万VND（約5,000〜15,000円）程度。ジャグジー、プール、ハーバルバスの利用付きで、長時間をかけるコースが日本人旅行者には人気です。

スパではチップは必須

チップはおおむね必要になります。高級スパでは10〜30万VND（約500〜1,500円）、格安マッサージで5万VND（約250円）が相場。施術が終わり着替えた後部屋から出る時に、「ありがとう」とともに担当者に渡すのがスマートです。高級スパでは込みのことがあるので、チップの有無は最初の受付のときに確認しましょう。ホーチミンのレタントン通りには、現地駐在の日本人御用達の有名店が軒を連ねます。日本語が通じるなど安心ですが、人気なので予約必須です。ほとんどの店はホームページを持っているので、予約フォームに名前や電話番号、メニュー、日時などを記入し申し込みをします。日本語対応の店なら電話でもいいでしょう。支払いは現地清算であることが多いです。

第3章

安くて可愛い！
ベトナムショッピングを
満喫するコツ

ベトナムの通貨事情を知っておこう 1万VND＝約50円で簡単計算

コツ16
Vietnam

レートはざっくり1万VND＝約50円

　ベトナムの通貨単位はベトナムドン(VND) です。ベトナムでは硬貨はほとんど流通していないので、市場でもどこでも紙幣が使われます。ベトナムドンのレートは1万VND＝約47円（2019年10月現在）。ベトナムドンは桁数も多く間違えやすいので、**レートはざっくり1万VND＝約50円と覚えると、計算が楽**になります。

両替は現地でこまめに

　日本円からベトナム通貨への両替は空港でできますが、レートがよくないので**取り急ぎ必要な分以外は現地で両替するのがおすすめ**です。街の両替所はあちこちにあり、レートはどこもさほど変わりません。両替のポイントは、屋台などの少額の支払い用に**細かい紙幣も混ぜてもらう**こと。また、紙幣を受け取ったら**その場で金額、紙幣の劣化具合を確認する**こと。ボロボロの紙幣は受け取りを拒否されることもあります。両替所周辺はひったくりも多いので要注意。一度に大金を替えるのではなく、こまめに両替しましょう。

　なお、ツアーデスクやホテル、スパなどではアメリカドル（US＄）が使える店もあり、都市部では日本円でも支払えることがあります。しかし、ベトナム政府がベトナムドンの使用を推奨しており、その数は減少中。また、外貨で支払ってもお釣りはベトナムドンで返ってくるため、計算間違いや誤魔化される心配もあります。

クレジットカードはVISAかMaster

　都市部ではクレジットカードでの支払いが普及しているので、レストランやホテルのほか、大手タクシー会社もカードが使えます。**使えるカードはVISA、Masterが多く、ATMを使ってキャッシングも可能**です。ただし、カードだと手数料を取られたり、少額だと利用できない店もありますので、多少は現金を持っていた方がよいです。**地方に行くと現金払いが主流**です。カード決済に不慣れな店だと金額間違いがあったりするので、小さな個人店では現金払いが無難です。

チップは基本的に不要。でも状況によってうまく使いたい

　ベトナムには**チップの習慣はなく、レストランなどでは不要**です。ただし、タクシーやシクロでチップを要求されることがあります。断ることもできますが、交渉が面倒なら5万VND（約250円）程度を渡して去りましょう。ホテルでは安価なホテルでも枕元に一人頭100円程度を置くと、従業員の盗難防止になるという話も。また、**スパやマッサージはチップ制が多い**ので、最初に確認を。チップの目安は5万VND（約250円）程度。

価格相場と旅の予算の目安

　地方と都市部で若干差がありますが、500mlのミネラルウォーターは1万VND（約50円）前後、屋台の安価なTシャツは1枚5万VND（約250円）、大通り沿いのきれいめ雑貨店のビーズアクセサリーは20万VND（約1,000円）前後のものが多いです。**総じて日本より物価が安いことが多く、日本と同じかそれ以下の価格相場**です。

　ちなみにゲストハウスは1泊20万VND（約1,000円）程度、食事は屋台で1食5万VND（約250円）程度なので、低予算の旅も可能。普通のホテルの宿泊代は1泊100万VND（約5,000円）程度、カジュアルレストランでの食事代は20万VND（約1,000円）程度です。

オーダーメイドするなら観光初日に！
入念な試着が失敗しない秘訣

ベトナムは日本よりオーダーメイドが身近

　ベトナム人は手先が器用なことで知られ、伝統工芸である縫製や刺繍は古くから女性の仕事です。既製品が多くなった今でも服をオーダーメイドで作ることが普通で、街中にオーダーメイドの店があります。そんな**ベトナムのオーダーメイドは質の良さと価格の安さから、日本人観光客にも大人気**です。制作期間はだいたい2、3日。帰国直前では大切な最終調整の時間がとれないこともあるので、**観光初日に注文しておくのがコツ**です。また、品物の受け取りの際には、縫製チェックと検針もきちんとしておきましょう。

イメージ通りに作るには試着がカギ

　オーダーメイドは、意外と簡単に作ることができます。流れは、**❶デザインを決める➡❷生地を選ぶ➡❸採寸をする➡❹試着＆微調整** の4段階を経て完成です。

　まず**❶のデザイン決め**。店内のサンプルを見てオーダーしてもいいですが、気に入るものがない可能性もあるので、写真やイラストを持参するのがおすすめ。特に袖や裾の丈など、具体的に提示することがポイントです。**❷の生地選び**は、素材、色、柄の違いで種類が多いので結構大変。ですがここで妥協すると、着ない服になってしまいます。気に入る生地を根気よく探しましょう。別の店で買った生地を持ち込めるところもあります。**❸の採寸**は、できるだけ細かく測っ

てもらうようにします。「もう少しゆとりが欲しい」「ウエストは絞る」などのリクエストがあれば、ここでしっかり伝えましょう。たいてい翌日には❹の**試着**に進みます。細かい部分までチェックし、気になる部分は漏れなく伝えましょう。首回りやウエスト、袖・裾の長さなど、ほんの少し違うだけで印象はガラリと変わるものです。

きちんとコミュニケーションがとれる店でオーダーを

　オーダーメイドを成功させるには、もう1つ大事なことがあります。それは、店員とのコミュニケーション。**こちらの意図が正確に伝わることが重要なので、日本語対応できるテーラーが必須**です。

　例えばホーチミンやハノイには、駐在日本人にも人気の店がいくつかあります。ホーチミンのパスター通りの老舗「**Zakka**」は日系の雑貨店。デザイン見本がいろいろ置いてあります。同じ通りの「**chi chi tailor**」はかわいい柄の生地が多いと評判で、カジュアルなワンピースやアオザイも作れます。ホーチミン・ファンバンダット通りの「**Usagi**」は客層のほとんどが日本人なので安心して利用できます。ハノイでは、まずタイ湖の東岸にある「**Clom' s Closet**」。デザインや生地の色合いなど、日本人の好みにぴったりなものが揃っています。また、ハノイの西側、ドンダー湖近くの「**YS2**」は日本人がオーナーの店で丁寧な作りと評判です。相場は店にもよりますが、一般的にワンピースが80万VND（約4,000円）前後〜、アオザイが100万VND（約5,000円）前後〜。日本の既製品感覚で買い物できる価格帯なので、複数枚注文するのもいいかもしれません。

日本であらかじめ申し込めるもの 現地で手配した方がいいもの

現地ツアーやレストランは日本でも申し込みができる

　ホーチミンやハノイなどの都市から近い場所を観光する現地ツアーの予約は、日本でも現地でもできます。現地ツアーデスクで申し込めば安く済みますが、英語のガイドツアーが多く、日本語対応は少数です。一方、日本の会社の場合は割高ですが、日本語ガイド付きのツアーが多いのが特徴。**トラベルコ(https://www.tour.ne.jp/)やVELTRA（https://www.veltra.com/jp/）のような比較サイトは、さまざまな会社が出しているプランを料金や内容を比べながら選べる**ので便利です。また、ホーチミンの高級店「マンダリン」などの有名レストランも、日本から事前予約が可能。各店のホームページに予約フォームがあるほか、HIS（https://restaurant.his-j.com/jp/jp/Top/）などでも予約できます。

長距離移動の鉄道は事前予約必須　バスはケースバイケース

　ベトナムの陸上での長距離移動には、鉄道とバスがあります。鉄道では、統一鉄道を使うことになりますが、数日前には満席になることが多いので、事前の予約が必須。**ベトナム統一鉄道の公式ホームページでは、日本のクレジットカードが使えないので、代理店を通して予約するのが無難**です（コツ13参照）。

　また、バスも日本で手配することが可能です。ベトナムはバスが中距離移動のメインになるため、本数が豊富です。特に祝祭日やバス会社にこだわりがなければ当日でも申し込むことが可能ですが、

旅行会社を通せば質の良いバスを手配できます。座席の種類や質を気にせずとにかく安く抑えたいなら現地手配もOK。バスターミナルではベトナム語しか通じないことも多いですが、旅行者がよく行く行先であれば、片言の英語でもなんとかなりますし、現地のツアーデスクは英語対応できるところも多いです。**老舗の日系ツアーデスク「The Shin Tourist」はベトナム全土の長距離バスの手配が可能**です。名前を似せた偽会社もたくさんあるので注意しましょう。

ホテルはベトナムに着いてから手配が可能

　ベトナムではホテルの現地手配も容易。現地での予定が決まっていないなどで事前予約ができなくても問題ありません。ホーチミンやハノイなどの観光地ではホテルの数が多いので、数軒あたればホテルを押さえることができます。

　また、Booking.com（https://www.booking.com/）やエクスペディア(https://www.expedia.co.jp/)など、**当日予約できるサイトも便利**。登録してるホテルが多いので、「カフェに入ってWi-Fiをつなげてスマホで予約」も可能です。

　ただし、夜到着の便を利用する場合は、探す時間も泊まれるホテルも限られます。フライト後のホテル探しは精神的にも疲れるので、1日目だけは事前予約をした方が無難です。

スパやマッサージは現地手配で

　ベトナム旅行には欠かせないのがスパやマッサージ。インターネットで店を探す人も多いと思いますが、予約は実際の店を見てからにしましょう。**外観や店内など、インターネット上の紹介写真と実物が大きく違うこともあり、そういう店はぼったくりやごまかし、盗難も多いもの。**トラブルに合わないために用心が必要です。頼めば施術する部屋を見せてくれる店もあります。

ベトナム人に聞いた

買って損なし！おすすめベトナム土産5選

① ツバメの巣ジュース (Nước Yến)

　ツバメの巣は中華料理の高級食材として知られていますが、ベトナムではなんとジュースに！ メーカーによって差がありますが、色は透明〜黄色で、ほのかに甘くとろみがあり、飲むゼリーに近い食感。白キクラゲも入っています。ツバメの巣は美容、滋養強壮効果があるとされ、健康食品として飲んでいるのだそうです。お土産に最適な缶ジュースタイプは、スーパーやコンビニで売られています。1本1万VND（約50円）程度が相場です。

② ドライフルーツ

　ベトナムでは集まりなどのお茶菓子として、よくドライフルーツが食べられています。フルーツの生産が盛んなベトナムでは、日本よりも安価で購入できます。数あるメーカーの中で現地人のイチオシは「Vinamit」。大抵のスーパーやコンビニで扱っており、マンゴーやバナナなどいくつか種類があります。50g、5万VND（約250円）程度で買えます。Vinamitはフルーツや野菜のチップスも評判で、種類にもよりますが、100g、2万VND（約100円）と手頃です。

③ インスタント麺 ────────────

　麺料理の多いベトナムでは、インスタント麺もかなりの種類があり、フォーだけでも主に牛骨だし（Phở Bò）、鶏だし（Phở Gà）、貝だし（Phở Nghêu）の３つの味があります。特に「Vifon」のフォーは、現地の人も認める美味しさです。値段は即席フォーの平均よりも少し高めで、１万2,000VND（約60円）程度です。

④ 調味料 ─────────────────

　ベトナムの調味料は現地でぜひ買っておきたいところ。便利なのが「ライム風味塩こしょう」「サテトム（ラー油）」「チリソース」です。これらを加えれば、日本の食材で作っても現地風が再現できます。なお、ベトナム料理には欠かせない「ヌクマム（魚醤）」は、においがきついため飛行機に持ち込めないので注意。

⑤ チャーボン（豚肉のでんぶ）（Ruốc）──────

　ゆでた豚肉をフレーク状にし、ヌクマムや砂糖などで甘辛く煮付けたもので、ベトナムではおこわなどにトッピングされています。ベトナムのソウルフード、バイン・ミーの中に、具として入っていることも。かむと口の中でじゅわっと濃厚なうま味が広がります。ふりかけとしてごはんのお伴にもピッタリ。お菓子感覚でそのままでも食べられます。

ベトナム人に聞いた

買って損なし！
おすすめベトナム雑貨5選

コラム

① 陶器

　ベトナムの陶器といえば「バッチャン焼き」（Gốm Nung Bát Tràng）。ハノイ郊外バッチャン村で作られたもので、トンボや菊などの細かい柄と独特の手触りが特徴。現在ではベトナム全土で購入できま

すが、本場バッチャン村では、他では買えないデザインのものもあるそう。また、ホーチミン郊外ビンズオン省の「ソンベ焼き」（Gốm Nung Sông Bé）は希少な焼き物で、温かみのある色合いと素朴なデザインが人気です。

② ランタン

　世界遺産の街・ホイアンはランタン（Đèn Lồng）も有名で、今でも多くの職人が1つ1つ手作業で作っています。街を歩けばランタンを売るお店は数えきれないほどありますが、ランタン選びは何とい

ってもナイトマーケット。明かりが灯るランタンが生み出す幻想的な雰囲気の中、買物ができるのでおすすめだそう。買ったお店では、ランタンをバックに写真を撮らせてくれることもあるとか。また、ベトナムでは電圧が異なるので、電球は日本で購入する必要があります。

③ かごバッグ ————————

　ベトナムでは様々な場所でかごバックが売られ
ています。素材はプラスチックや竹、籐など。日本の1／2〜1／3の
値段で買え、プラかごは8万VND（約400円）程度からあります。個
性的なデザインと種類の豊富さで、周りと被る心配がないのもうれ
しいところ。ホーチミンのドンコイ通り近くのバッグ店「Phúc
Long」は価格が良心的。タオディエン(Thảo Điền)地区の「Hana Vi-
etnam」は現地人に人気です。

Hana Vietnam
住所:47/3 Quốc Hương, Thảo Điền,
　　 Quận 2,TP Hồ Chí Minh

Phúc Long
住所:2A Phường Nguyễn Thiệp,
　　 Quận Bến Nghé, TP Hồ Chí Minh

④ ベトナム刺繍 ————————

　刺繍はベトナムの伝統工芸として古くから盛ん
で、布をキャンパスに見立てて、刺繍で描く絵もあります。美しい
刺繍を手に入れるなら巾着やポーチ、ストールなど小物類が安価で
おすすめ。巾着なら2万VND（約100円）程度で手に入ります。ホ
ーチミンではドンコイ通りで相場を把握し、ベンタイン市場で値切
り交渉をするのがおすすめの買い方です。

⑤ 民族雑貨 ————————

　ベトナムは50余りの少数民族がいる多民族国家
で、各部族は美しい刺繍や藍染の衣装に身を包んでいます。華やか
な飾りのついたもの、古くから伝わる伝統的なものなど、部族なら
ではの模様や色使いの衣装生地から作った雑貨は、エキゾチックな
デザインです。値段は少々高めですが、ポーチやコインケースなど
の小物なら比較的金額を抑えられるので、お土産にピッタリです。

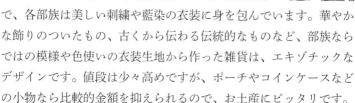

ホーチミンの地下鉄工事
1号線開業は2021年予定

✦　✦　✦

　人口約800万人を誇る、ベトナム最大の都市ホーチミンでは交通渋滞や大気汚染が問題となっており、それらを改善するため8路線総延長が220kmにおよぶ大規模な地下鉄工事が計画されています。現在は、2路線の計画が進められおり、その中で最も開業に近いのは1号線。ベンタインから、北東部にあるスオイティエンを経て、最終的には9区ロンビン街区と東南部地方ビンズオン省ジーアンの境に建設予定の新東部バスターミナル駅にいたる、総延長19.7kmの路線です。日本企業も携わり、最先端の技術を使って建設が進められています。

新東部
バスターミナル駅

1号線

2号線

ベンタイン駅

河川

第4章

美味しくてヘルシー！
ベトナムグルメを
満喫するコツ

コツ19 Vietnam　ベトナムでこれだけは食べておくべし 食事編

① フォー（Phở）

● フォーガー（Phở Gà）

フォーは、あっさりとした透明なスープに、柔らかいきしめん状の米粉麺が入るのが特徴。鶏ガラのダシに塩とヌクマムで味を付けたスープのフォーが、「フォーガー」です。トッピングは主に蒸し鶏や茹で鶏で、もも肉や卵のフォーが人気。

● フォーボー（Phở Bò）

牛骨出汁に香辛料を加えたスープの「フォーボー」がベトナムでは最も食べられています。フォーガーよりエスニックな風味です。トッピングの牛肉にはいくつかあり、「煮込んだ肉(Chín)」「半生肉(Tái)」「煮込んだ肉＋半生肉」が現地人によく食べられています。

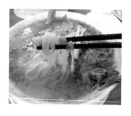

② 春巻き

● 生春巻き

南部ではゆでた細い米粉麺が入っていて、しっとりとした食感です。北部では発酵ソーセージや青パパイヤの千切り、豚耳や皮が入っています。

● 揚げ春巻き

北部では揚げ春巻が定番で、大きいサイズを食べる前に切り分けるのが一般的。南部はひと口大のサイズです。揚げ春巻

はハーブやサニーレタスなどに包んで食べることも。甘酸っぱいヌクマムベースのタレに付けるのがおすすめ。

③ ブンチャー (Bún Chả)

　首都のハノイではフォーと同じくらいメジャーな麺料理。ヌクマムベースの酸味のあるつけ汁に、ブンと呼ばれる細い米粉麺を絡めて食べます。焼き豚や肉団子がたっぷり入ってボリューミー。そこに揚げ春巻を入れて食べるのも人気です。細い丸麺のブンと平らな麺のフォーとでは食感が違うので、食べ比べもおすすめ。

④ ブンボーフエ (Bún bò Huế)

　中部フエの郷土料理ですが、全土で食べられます。米粉の太麺を使ったピリ辛の牛肉麺で、スライスされた牛肉、鶏や魚のつみれ、レバーなどがトッピングされています。牛骨などで出汁をとったスープは旨味が凝縮され、日本人にも合う味です。テーブルに置いてある唐辛子で、少し辛さを加えると美味しいです。「ブンボーフエが麺料理で一番好き」というベトナム人も多いです。

⑤ ブンダウ (Bún Đau)

　ハノイのローカルフードで、細い米粉麺「ブン」を固めたものを、揚げ豆腐と一緒に食べる料理です。揚げ豆腐や豚肉、香草、さつま揚げなどを添え、マントムと呼ばれる、エビの発酵調味料につけます。つけダレはクセがありますが、病みつきになる味。タレはとても塩辛いので、ライムの絞り汁で調節するといいでしょう。北部以外では、ハノイ料理を出すレストランで食べられます。

コツ20 Vietnam
現地流にフォーを食べるなら、調味料を使いこなすべし

フォー

フォーは南部と北部で味が違う

　1年で米が3回も収穫されているベトナムでは米粉を使った料理が数多くあり、なかでも**ベトナム人のソウルフードと言われるのがフォー**。3食をフォーで済ませる人もいるほど、人々に根付いた料理です。最近では、魚やカニといった海鮮フォーも食べられるようになってきましたが、基本は牛と鶏。鶏のフォーは蒸し鶏や茹で鶏がほとんどで、牛のフォーはトッピングに「火の通った肉」「生肉」「肩バラ」「牛すじ」などいくつかバリエーションがあります。「生肉」は薄切り肉に熱々のスープをかけ、器の中で火を通すという面白い食べ方をします。南北に長いベトナムでは南部と北部で食文化が異なり、これら牛と鶏のフォーも味に違いが。**南部のフォーは甘めの味付けで、別添えの香草や野菜をたっぷり乗せるのに対し、北部はネギとコリアンダー、肉が入る程度。**牛骨や鶏ガラの出汁で勝負するシンプルスタイルのフォーです。

自分好みに徹底的にアレンジするのが南部流

　フォーは調味料や追加の具材で、好みの味にできることも魅力ですが、味や具材が違う北部と南部とでは、美味しい食べ方も異なります。ストレートに出汁の味を楽しむ**北部は、追加具材はない場合が多く、別添えの調味料といえばライム、酢漬けにんにく、唐辛子くらい。**ライムは搾り汁を使います。**おすすめはライムと唐辛子で、シンプルさを損なわせないこと。**唐辛子はとても辛いので少しずつ加えましょう。

南部はとことんアレンジできるのが特徴。注文すると、肉とネギ入りのフォーのどんぶりとは別に、パクチーやバジル、ミントといった香草、もやしなどの**野菜が乗った皿が出てくるので、必要な量を食べやすい大きさに手でちぎりどんぶりに入れます**。野菜は店によって生のことも。**スープが熱いうちに浸し柔らかくしましょう**。調味料も北部より豊富です。「トゥオンデン」（Tương đen）と「トゥオンオット」（Tương ớt）は南部の店に必ずあります。トゥオンデンは甘めの味噌ダレで、スープにコクを出します。トゥオンオットは酸味がある辛味ソースです。ほかにも店によって、ライム、唐辛子の輪切り、にんにくや唐辛子の酢漬け、ヌクマム、唐辛子ペースト「サーテー」（Sa Tế）などがあります。**トゥオンデンとトゥオンオットで調整し、仕上げにライムを絞るのが王道**です。また、トゥオンデンやトゥオンオットを小皿にとり、牛肉フォーの肉を付けて食べるのも、一般的な食べ方です。「クワイ」（Quẩy）という揚げパンをスープに浸して食べるのもおすすめ。特に北部ではよくテーブルに置かれていますが、有料なのでご注意を。

スパイス

日本とは若干違うテーブルマナー

　ベトナムも米食をし、箸を使います。ただしマナーは違うものもあるので把握しておきましょう。フォーなど麺物を食べる時に気を付けたいのが、**すする音を立てないことと、どんぶりに口をつけないこと**です。そこで登場するのがレンゲ。麺は**一旦レンゲに移してから食べるようにし、スープもレンゲを使って飲む**ようにしましょう。また、食べる前にはテーブルに置かれている**箸や皿など**を、**必ずナプキンなどで拭きましょう**。ベトナムでは必ずしもこれらが清潔とは言えず、現地人もほとんどの人が拭いてから使うので、お店の人に失礼になるかなどは、気にすることはありません。

ホーチミンでフォー・ボーを
食べるならここ！

ベトナムの定番、フォー・ボー (Phở Bò)

ベトナム料理の代表格であるフォー (Phở)。日本でフォーと言えば薄味のスープに鶏肉というイメージですが、現地でフォーと言えば牛肉の「フォー・ボー」が定番で、スープもしっかりした味。フォーは庶民の食べ物なので、名店と呼ばれる店はローカル感のある屋台風の店構えが多いです。ここに紹介している店も例外ではないので、注文するのに少し勇気がいるかもしれません。そんな人にはチェーン店の「フォー24」(Phở 24) がおすすめです。清潔で入りやすい上、英語メニューあり、気軽に現地の味が楽しめます。

フォーボー

 ## 「フォーホア」(Phở Hòa)

ホーチミンで1番人気といわれるフォー・ボー店。ここのフォーの特徴は、何時間も牛骨を煮込んだ秘伝のスープ。朝5:00から営業しているので朝食をとる現地の人もよく見かけます。口の中でとろける柔らかい

牛肉はまさにここでしか味わえない絶品の味です。場所はパスター通りの端にあり、ホーチミンの中心部から車で10分程度。アクセスしやすく英語表記のメニューもあるため、観光客の姿も多いです。

住所:260C Pasteur, Quận 1, TP Hồ Chí Minh　**営業時間**:5:00~23:30

おすすめ フォー・ボー店 「フォーボーフーザー」（Phở Bò Phú Gia）

　濃厚な出汁とやや塩気のあるスープに、どっさり載った青ネギが特徴の北部風フォー・ボー専門店。店内は基本ベトナム語しか通じませんが、注文は肉の種類を伝えるだけなのでそんなに難しくありません。肉は、牛筋肉（gân）、肩バラ肉（nạm）、脇腹肉（vè）、半生の牛肉（tái）、完全に火が通った牛肉（chín）から選べます。味が薄く感じたら、卓上にあるにんにく酢をかけても、ほどよい酸味が効いて美味しいですよ。場所は、ホーチミン中心部から車で15分程度です。

> **住所:**146E Lý Chính Thắng, Phường 14, Quận 3, TP Hồ Chí Minh
> **営業時間:**6:00~11:00　17:00~21:00

おすすめ フォー・ボー店 「フォーレ」（Phở Lê）

　南部風といわれるフォー・ボーの専門店。ちょっと甘みがあるのが特徴です。イチオシメニューは、フォーボータイナムビエン（Phở Bò Tái Nạm Viên）。レアの牛肉とミートボールが入っています。このミートボールがなんとも絶品です。店内はベトナム人で賑わっていますが、メニューには英語表記もあり、旅行者も多く訪れています。場所はホーチミン中心部から車で10分程度です。

> **住所:**415 Nguyễn Trãi, Quận 5, TP Hồ Chí Minh　**営業時間:**6:00~翌1:00

番外編 ビーフシチューのフォー「フォー・クイン」（Phở Quỳnh）

　バックパッカー街のファングーラオ通りにある24時間営業のお店です。名物は、日本のテレビでも紹介され話題になった、フォーボーコー（Phở Bò Khô）というビーフシチューのフォー。とろとろの牛肉が美味です。スープにフランスパンを浸して食べるのが現地流。

> **住所:**323 Phạm Ngũ Lạo, Quận 1, TP Hồ Chí Minh　**営業時間:**24時間

ハノイで一番美味しい
ブン・チャーはこれだ

ブン・チャー

 ## 「ダック・キム」(Dac Kim)

旧市街にあって不動の人気を誇るブン・チャー専門店で、いつも各国からの観光客で賑わっています。つけ汁は、甘じょっぱい味付け。炭火で焼いた甘辛い豚バラや肉団子がたっぷりと入っているのでボリュームたっぷり。ハンザギャラリア近くに支店もありますが、ハン・マイン通りのこちらの本店の方が広くて入りやすいです。簡単な英語なら通じます。

住所:1 Hàng Mành, Hàng Gai, Hoàn Kiếm, Hà Nội　**営業時間:**9:00~21:00

 ## 「フオン・リエン」(Bún chả Hương Liên)

オバマ大統領が訪れたことでいちやく有名になった店。ローカルレストランですが、店内や食材が清潔に保たれているので、観光客でも安心して食べられます。オバマ大統領の来店を記念したメニュー「コンボオバマ」が人気メニューで、ブン・チャーに焼いた肉、つくね、カニの揚げ春巻き、野菜、ハノイビールがついて10万5,000VND（約750円）。タクシーに乗って「オバマブンチャー」と言えば、住所を言わなくても連れて行ってくれます。英語対応可です。

住所:24 Lê Văn Hưu, Phan Chu Trinh, Hai Bà Trưng, Hà Nội　**営業時間:**8:00~21:00

「チン・ムオイ・サオ」(Restaurant96)

　ホアンキエム湖の北側・旧市街にあるチン・ムオイ・サオは一軒家レストラン。ローカルレストランが苦手な人向きのオシャレなお店です。ここの名物がブン・チャー。ローカル感がないので多少物足りないですが、串刺しの肉が付いたブン・チャーが美味しいと評判です。ブン・チャー以外のベトナム料理も食べられますので、ゆっくりとブン・チャーやベトナム料理を味わいたい人に最適なお店です。

住所:34 Gia Ngư, Hoan Kiem　**営業時間:**9:00〜23:30

「ニューデイ」（Newday）

　ハノイの旧市街にあるニューデイはベトナムの大衆食堂。場所がらもあって欧米の観光客が大勢訪れ、英語でのオーダーが飛び交っています。フォーをはじめベトナム料理のメニューが豊富で、そのなかにブン・チャーもあります。ハンバーグ状の肉団子と一緒に出されるブン・チャーはサイズが小ぶりですが、海老春巻きなど一緒にいろいろな料理を試せるのが楽しいお店です。

住所:72 Phố Mã Mây, Hàng Buồm, Hoàn Kiếm, Hà Nội　**営業時間:**10:00〜22:00

「エッセンスレストラン」(Essence Restaurant)

　エッセンスホテルロビーの1階奥にあるエッセンスレストランはハノイ在住の日本人に愛されているレストランです。洗練された接客、雰囲気の中でベトナム料理、西洋料理が食べられます。オシャレな盛り付けで提供されるブン・チャーは、上品な味に仕上がっていてローカルなお店で食べるのとは一味違う美味しさです。超人気レストランなので予約は必須。英語はOKですが、日本語は通じません。

住所:22 Tạ Hiện, Hàng Buồm, Hoàn Kiếm, Hà Nội　**営業時間:**11:30〜22:00

コツ21 Vietnam　ベトナムでこれだけは 食べておくべし 軽食編

1　バイン・ミー（Bánh Mì）

　フランスパンにマーガリンやレバーペーストを塗り、具材を挟んだベトナム版サンドイッチ。具材はチャーシューや野菜、ダイコン・ニンジンのなますが基本。1種類しか扱わない店が多く、どこも具材を変えて個性を出しているので、食べ比べも◎。コリアンダー（パクチー）は現地の味には欠かせないですが、頼めば抜いてくれる店も。本場はホイアンで、あちこちに専門店があり、なかでも人気の店が「Bánh Mì Phượng」。もっちりした米粉のパンとたっぷりの具、ソースが絶妙な美味しさと評判です。行列必至なので根気よく並びましょう。

2　バインセオ（Bánh Xèo）

　米粉とココナッツミルクの生地に、もやしや豚肉、エビなどがたっぷり包まれたベトナム風お好み焼き。パリパリ食感の生地の黄色はターメリックが入っているから。半分に折りたたまれた大きなバインセオは、一口大に切って葉物野菜の上に乗せ、香草と一緒に包んで付けダレを付けるのが現地の食べ方。ボリューム満点なのに野菜たっぷりでヘルシーなので、現地の女性からも人気です。

66

③ バンチャンヌン (Bánh Tráng Nướng)

　「ダラットピザ」とも呼ばれ、薄いライスペーパーにマーガリンを塗り、うずらの卵、長ネギ、ひき肉などを巻いて焼いた料理。炭火を使ってじっくり焼き上げるので、パリパリの生地とふわっとした具材の食感がたまりません。全土で人気になり、観光地ならだいたい見かけることができますが、やはり1番美味しいのは発祥地のダラットだという人が多いです。ナイトマーケットにも露店が出ています。

④ バインバオ (Bánh Bao)

　小麦粉を練って作った皮に具を包んで蒸したベトナム風肉まん。日本のものとは少し違い、アヒルかウズラのゆで卵が入っているのが特徴です。たっぷりのひき肉やタマネギ、野菜なども入り、かぶりつくと肉汁があふれてきます。皮は弾力があってボリューミー。1つ食べれば満足感が得られます。観光地にはたいてい屋台や店があり、コンビニでも買うことができます。

⑤ チェー (Chè)

　ベトナムスイーツの定番。煮豆や芋、寒天、フルーツなどを器に入れ、ココナッツミルクなどをかけて食べます。どの都市でも屋台や専門店で気軽に食べられます。温かいチェーは日本のぜんざいのようなもの。具の上に砕いた氷を乗せ、シロップと混ぜて食べる冷たいチェーはカキ氷に近いです。タロイモや緑豆アンが定番。「サンボールン」(Sâm Bổ Lượng) と呼ばれる薬膳チェーは、現地の若い女性に人気です。

ホーチミンでバイン・ミーを食べるならここ!

ベトナムの定番ファストフード、バイン・ミー

バイン・ミー

バイン・ミー（Bánh Mi）はフランスパンにハムやパテ、野菜や香草などを挟んだベトナム風サンドイッチで、ベトナムの定番朝ごはんです。フランスパンに米粉やタピオカ粉が混ぜられているため、普通のフランスパンよりもふわっと軽い食感があり、具だくさんのサンドイッチによく合います。

おすすめバイン・ミー店　「フィンホア」(Huỳnh Hoa)

　14:30の開店とともに行列ができる大人気テイクアウト専門店。今、ホーチミンでもっとも美味しいバイン・ミー店と言われています。屋台で売られているものよりも割高にも関わらず、現地の人がわざわざバイクでやってきてまとめ買いしていきます。ここでは、具を挟む直前にパンを炭火で温めなおしてくれます。表面がパリパリのパンにコンビーフのような味のパテやハム、なますやきゅうり、手作りバターが織りなす味のハーモニーは絶品。場所はデタム通り周辺に位置し、ホーチミン中心部からはタクシーで10分程度です。

住所:26 Lê Thị Riêng, Quận 1, TP Hồ Chí Minh
営業時間:14:30~23:00

「ニューラン」(Như Lan)

　バイン・ミーの名店として有名な、食堂と物菜店とベーカリーが一緒になったような店。バイン・ミーの注文は、ショーケースの具材を指差し注文すればOK。具材の定番、ハムや豚のパテも美味しいですが、BBQ味の肉団子もなかなか。英語メニューもあり、朝早くから深夜まで営業しているので、小腹がすいたときにも重宝します。バイン・ミー以外の料理のほか、お肉や物菜などさまざまな食材も売られています。ドンコイ通り、サイゴンスクエアの目の前にあり、とてもわかりやすいので徒歩でもアクセスしやすいのが◎。

> **住所:**50-66-68 Hàm Nghi, Quận 1, TP Hồ Chí Minh
> **営業時間:**4:00~翌 2:00

「バーラック」(Ba Lắc)

　グエンフエ大通りにある、カメラ屋が目印の小さな屋台です。その店構えの小ささに一瞬「えっ」となりますが、地元民に根強いファンをもつバイン・ミーの名店です。具材全部入りでも1つ2万VND（約100円）という低価格も嬉しいです。安いのでお肉はやや少なめですが、その分野菜がたっぷり入っています。「バイン・ミー」とだけ言うとベーシックなものが出てきますが、メニューは英語表記もあるので、そちらからオーダーすることも可能です。

> **住所:**66 Nguyễn Huệ, Quận 1, TP Hồ Chí Minh
> **営業時間:**6:00~22:00

コツ22
Vietnam
ベトナムでこれだけは飲んでおくべし

① ベトナムビール ─────

ベトナムはアジアで有数のビール大国。価格が安く、330mlのビールなら1缶1万5,000VND（約75円）ほどで買えます。日本のビールと比べて薄味で、ゴクゴク飲めるのが特徴。軽い口当たりは香りの強いベトナム料理にもピッタリです。氷を入れて提供されるのは、暑い国ならではといえるでしょう。数多くの銘柄がありますが、北部の代表格「ビアハノイ」はフルーティで、ビールを飲みなれていない人でも飲みやすいです。「ビアサイゴン」はホーチミンの若者にファンが多いビール。日本人にも知られている「バーバーバー（333）」は、現地では「バーバー」と呼ばれ、フォーやバイン・ミーによく合います。「ビアラルー」はダナンをはじめ中部で支持されており、味の濃い料理に合わせてよく飲まれています。

② ベトナムコーヒー ─────

街を歩いていると、そこら中にカフェがあるコーヒー大国のベトナム。コーヒーといえば、練乳が入った甘いコーヒー「カフェ・スア」（Cà Phê Sữa）が有名です。コーヒー豆は苦味や渋みが強いロブスタ種が使用されており、ねっとりとした甘さの練乳とマッチ。現地でも定番です。また、ブラックコーヒーも飲まれますが、日本と違い砂糖入りなので、甘くないものを飲みたければ砂糖なしを注文し

ましょう。卵と練乳をクリーム状に泡立てたものを乗せた「エッグコーヒー」というものもあり、ティラミスを飲んでいる感覚で美味。近年登場した「ヨーグルトコーヒー」は苦味・酸味・甘さがミックスした新感覚の飲み物で、若者の間で流行中です。機会があればお試しを。

③ シントー (Sinh Tố)

　練乳や氷とともに、南国ならではのフルーツをたっぷり入れて作る、ベトナム版スムージー。日本のものに比べて、なめらかな舌触りで飲みやすいのが特徴です。お店によって味や食感が違い、さっぱりしたテイストのものから、まったりと甘い味わいまでさまざま。屋台やドリンクスタンド、カフェ、バーなどいたるところで買うことができます。タロイモやドリアン、ドラゴンフルーツといった南国ならではのフレーバーは試す価値あり。ホーチミンではブイビエン通りの「FIVE BOYS NUMBER ONE」が人気で、ここでは3種類までフルーツがミックスでき、果肉をトッピングしてもらえます。

④ チャースア (Trà Sữa)

　近年のベトナムでは、チャースアと呼ばれるミルクティーが若い女子の間で大流行。紅茶に牛乳や練乳を入れ、ゼリーをトッピングしてある、デザート感覚のドリンクです。専門のカフェができたり、学校近くにチャースアの屋台が出没したりするほど。日本でも人気のタピオカ入りは、もはや定番。クリームチーズやチョコレート、マンゴーなど、様々なフレーバーがあります。

コツ23 Vietnam 失敗しないベトナムコーヒーの頼み方、飲み方　チェーン店もおすすめ

王道は練乳入りのミルクコーヒー

ベトナムコーヒー

　ベトナムコーヒーが入ってきたのはフランス統治時代。今では国を代表する飲み物です。ベトナムのコーヒー豆は苦味や渋みが強くクセのあるロブスタ種が一般的。「カフェフィン」(Cà Phê Phin)という、細かい穴が開いた金属や陶器のフィルターで、時間をかけて抽出します。これが、ベトナムコーヒーならではの濃さと苦味を生み出します。**最もポピュラーな飲み方は練乳入りの「カフェスア」(Cà phê sữa)。**カフェがコーヒー、スアがミルクの意味です。そのままでは飲みづらいため、おいしく飲める方法として編み出されました。味はねっとりした甘さの練乳に深い苦味のコーヒーが合わさり、濃厚なカフェデザートのよう。喉が渇いた時にごくごく飲むというよりは、ゆったり過ごしたい時におすすめです。**氷入りのアイスは「カフェスアダー」(Cà phê sữa đá)。**ダーは氷の意味。注文時、「カフェスア」だけだと、ホットかアイスかわからないこともあるので、**ホットは「カフェスアノン」(nóng:熱いの意味)**と伝えましょう。

新しい飲み方も次々に登場

　カフェスアの楽しみ方はじっくり待つこと。オーダーすると、コーヒーとお湯が入ったカフェフィンがグラスにセットされた状態で出てきます。グラスには既に練乳が入っているので、その上に1滴1滴

72

丁寧に抽出されるのを眺めながら待ちましょう。出来上がったら層を残さないようによくかき混ぜます。アイスの場合は別添えの氷を入れて完成です。また、現地人の飲み方はほかにも。**カフェスアと同様に愛されているのがブラックコーヒー。「カフェデン」**（Cà phê đen）**といい、日本のブラックと違い砂糖がたっぷり入っています。**現地男性にはこちらが定番。注文時、アイスにはダーを、ホットにはノンを付けます。砂糖なしにチャレンジしたい時は、さらに「コンドゥン」（Không đường）と伝えます。最近では新しい飲み方も増えており、「バクシウ」（Bạc xiu）は練乳を多めにしたり、練乳の代わりに生乳を使ったりしたカフェオレ。**卵と泡立てた練乳入りの「エッグコーヒー」**と、**酸味・甘味・苦味がマッチした「ヨーグルトコーヒー」**もその代表格です。さらに**若者の間で流行しているのが、「ココナッツミルクコーヒー」。**ココナッツミルクのシャーベットにコーヒーを加えたもので、ヨーグルトコーヒーを生んだチェーン店「CỘNG CÀ PHÊ」から登場しました。ホーチミンのカフェ「SHELTER」発祥の**「アボカドコーヒースムージー」は最新の飲み方。**クリーミーなアボカドのスムージーと濃厚なコーヒーが絶妙の一品です。

失敗しないカフェ選びは「居心地の良さ」

　ベトナムコーヒーは街中の屋台などでも飲めますが、やはりおすすめはカフェ。暑いと疲れが癒えないので、日中はオープンカフェを避け、冷房が効いてゆっくりできそうなカフェを選ぶといいでしょう。**PCをいじっている客がいるのも長居できるかの判断材料の1つです。ホーチミンの「Cafe Apartment」は、いくつものカフェが１つの建物に入りオシャレな店が多いのでハズレが少ないです。**また、大手のコーヒーチェーン店はおおむね立地もよく、Wi-Fi完備、空間づくりにも気を使っているのでおすすめ。「CỘNG CÀ PHÊ」のほか、「HIGHLANDS COFFEE」「Trung Nguyên Legend」「Phúc Long」が有名です。

ハノイで絶対行きたい
カフェはここ！

ハノイはカフェ天国

　ベトナムと言えばコーヒーですよね。ハノイには、美味しいコーヒーが飲めるオシャレなカフェが多数あることをご存じでしょうか。しかも、そのオシャレさを侮るなかれ。レトロで落ち着けるインテリアや、ロフトのあるお店、ソファで足を延ばして寛げるお店など、趣向を凝らした雰囲気抜群のカフェがいたるところに。しかも、旅行者に嬉しい高速Wi-Fiも使えます。メニューもベトナムコーヒーを中心とした、ここでしか味わえないご当地メニューをしっかり堪能できます。観光の途中で一休みするのに絶好のスポットなので、ぜひ立ち寄ってみてください。

　わざわざ探し歩かなくても通りを歩けばいくつもセンスの良いカフェが見つかりますが、ここではハノイ名物の2大コーヒーと共に、その発祥の地となったおすすめカフェをご紹介します。

カフェ 共産主義を感じる斬新なインテリア「コンカフェ」

　ハノイ市内に30店以上の店を持つ人気コーヒーチェーン、コンカフェ（Cộng Cà Phê）。共産主義をコンセプトに、カーキと赤を基調にしたスタイリッシュな店内はとても特徴的で新鮮です。なんともいえないシックな雰囲気があり、とてもオシャレなカフェです。

コンカフェ

　ここの定番メニューが、濃厚なベトナムコーヒーにヨーグルトを合わせたハノイ発祥の「ヨーグルトコーヒー」（Sữa Chua Cà Phê）。ヨーグルトにコーヒー⁉と、意外な組み合わせに驚くかもしれませんが、コクのある爽やかなヨーグルトにコーヒー味のほろ苦いソースをかけたような感じ

で、見事にマッチ。大人のデザート感覚でいただけるコーヒーとして、ファンも多いです。料金は4万VND（約200円）。ホアンキム湖のほとりにある「116 Cầu Gỗ」店は、旅行者もアクセスしやすくおすすめです。

ヨーグルトコーヒー

> **住所:**116 Cầu Gỗ, Hàng Bạc, Hoàn Kiếm, Hà Nội
> **営業時間:**7:00~23:30

ｶﾌｪ 隠れ家的な雰囲気が魅力の「カフェジャン」

カフェジャン

古びたビルの中、細長い通路を進むと見えてくる隠れ家的な店「カフェジャン」（Café Giảng）。店に入るまではひっそりと静かで不安になるかもしれませんが、中に入るといつも多くの人で賑わっている人気店です。その理由は「エッグコーヒー」（Cà Phê Trứng）と呼ばれるベトナムでよく見かけるコーヒーの発祥地だから。牛乳の代わりに卵を入れるエッグコーヒーは、牛乳が手に入りにくかった1946年に考案されたと言われています。甘いコーヒーの上にコクのある濃厚なエッグクリームがかけられたそのお味は、ドリンクというよりもはやスイーツ。牛乳の代替品として考えられたエッグコーヒーですが、逆に美味しいと人気になり、今でもベトナム中のカフェのメニューに並んでいます。

コーヒーが冷めないよう、コーヒーカップをお湯の入った一回り大きな器に入れた状態で運んでくれるのは、他のカフェでは見られないこの店ならではのサービス。多くの観光客がエッグコーヒー目当てで訪れるので、注文は「エッグコーヒー」一言でOKです。

エッグコーヒー

> **住所:**39 Nguyễn Hữu Hoan, Hoàn Kiếm, Hà Nội
> **営業時間:**7:00~22:00

ベトナムのホテル事情
変換プラグを持っていこう

◆　◆　◆

　ベトナムでは、プールなどの設備がないシンプルなホテルであれば1泊30〜80US＄（約3,000〜8,000円）で宿泊できます。日本のビジネスホテルのようなイメージで、エアコン、トイレ、バス、テレビ、冷蔵庫、インターネット環境など必要なものは大抵備わっており、朝食が付く場合も多いです。ほかにも近年増えているのが、ミニホテルやゲストハウスと呼ばれる小規模ホテル。民家を改築したものから大型のものまでさまざまで、1泊10US＄（約1,000円）程度で泊まれます。都市部のバックパッカー街を中心に急増しています。

　また、ビーチエリアではラグジュアリーなホテルも続々オープン。どの地域もホテルの種類は豊富で、予算や好みに合わせて選べます。

プラグの形状はCタイプ　変換プラグは必須

　ベトナムで広く普及しているプラグはCタイプです。日本のAタイプのプラグと形が異なり、ピンは先端が丸くなっています。ホテルではAタイプとCタイプ両方使えることが多いですが、念のためCタイプの変換プラグがあると安心です。100円ショップでも購入できます。

　そして、ベトナムの電圧は220V（50Hz）が主流です。日本の電圧は100V（50〜60Hz）なので、そのままでは使えません。最近のパソコンやカメラ、スマートフォンの充電器は海外の電圧に対応していることが多いですが、そうでない場合は変圧器が必要です。電化製品の対応電圧は、黒いアダプターの表記で確認できます。「INPUT 100V〜240V」と書いてあれば変圧器は必要ありません。

第5章

ホーチミン
&
ホーチミン周辺
観光のコツ

ホーチミン&周辺 エリアガイドマップ

ミャンマー

中国

ミトー（メコンクルーズ）
➡P86

メコン
クルーズ

ニャチャン
➡P132、134

タイ

ラオス

チャウドック
➡P126

ダラット
➡P130

カンボジア

メコン川を手漕ぎ舟で進み、中州の島を巡るメコンクルーズが観光のハイライト。ジャングルの中、茶色いメコン川を水面スレスレの舟で進みます。ココナッツキャンディー工房や養蜂場、果樹園の見学、ミトー名物の象耳魚の昼食なども楽しめます。

フーコック島 ➡P128

カントー ➡P124

クチ (クチトンネル) ➡P88

トンネル内部

ベトナム戦争でアメリカ軍を苦しめたベトコン（南ベトナム解放民族戦線）の地下基地。全長250kmに及ぶトンネルの一部が一般公開され、実際に中に入って戦争中の様子を体感することができます。射撃場もあり、本物の銃と実弾を体験することも可能です。

ムイネー ➡P122

サイゴン大教会

ホーチミン ➡P80、82、84

ホーチミン市人民委員会庁舎

中心部はドンコイ通り付近のショッピングエリア。このエリアには美しいコロニアル建築が並び、ホーチミン市人民委員会庁舎やサイゴン大教会、統一会堂などが見どころです。そのほか、活気あふれるベンタン市場もあり、買い物と市内観光を満喫できます。

ブンタウ ➡P90

ブンタウの海

ホーチミンから日帰りで行けるビーチエリアで、現地の人も多く訪れます。1年を通して海水浴を楽しむことができ、浜辺には新鮮な海鮮料理の店が並びます。バスだけでなく、船でアクセスすることも簡単で、移動中もクルーズ気分を楽しめます。

79

ホーチミンの市場を楽しむための攻略法　おすすめ市場はここ！

ホーチミン最大の市場、ベンタン市場

　ホーチミンの市場といえば、有名なのがベンタン市場。市内中心部にあり、2000軒を超える店が並んでいます。ここには**生鮮食品のほかに服、靴、陶器、土産などの店が並び、「これぞ、ベトナムの市場」という雰囲気**があります。ベトナム各地の名産を買うことが可能で、探せばフーコック島産のヌクマムなども入手できます。

　飲食店が並ぶフードコートもあり、フォーやバイン・ミー、バイン・セオ、ブンボーフエ（牛肉ピリ辛素麺）、バンカン（ベトナム風うどん）、フーティウ（細米麺）といった軽食から、チェー（ベトナム風かき氷）やシントー（果物とコンデンスミルクのスムージー）などの甘いものまで、一通りのベトナム料理が揃っています。ここでベトナムの庶民の味を食べまくるのもおすすめです。

　各店には番号が振られているので、入口にあるマップで場所を確認後、番号を頼りに回る方法もあります。**午後になると人出も暑さも増すため、行くなら午前中がねらい目**。スリも多いので、貴重品の管理は厳重に。また、出入口付近には白タクも多いので要注意です。

ベンタン市場の様子

ベンタン市場散策の攻略法

　一年中蒸し暑いホーチミン。その中でも市場は道も狭くて風通しが悪く、小さな店がひしめき合っているので熱気がこもります。当然クーラーもなく、かなりの蒸し暑さ。**風通しの良い服装がマスト**です。さらに水分補給用のペットボトルがあるとなお良しです。

　市場では商品に値段がついていないものが多く、**最初はかなり割高な値段を言われますので、交渉は不可欠**。だいたい言い値の半額〜3分の2程度まで下がります。**まとめ買いで割引率が上がる**ことも。値段が折り合わないときの必殺技は、立ち去るポーズをすること。引き止められて安くなることもあり、駆け引きを楽しんでみましょう。ただし、「Fix Price(定価)」と書かれた商品は値切りできないので注意。

夜はハントンタイ市場のナイトマーケットへ行こう

　市場が閉まった後、18:00頃からスタートするのがナイトマーケット。ベンタン市場でもナイトマーケットがありますが、ちょっと足をのばして地元のナイトマーケットに行ってみてはどうでしょう。

　おすすめは市内中心部からタクシーで約30分程度で行けるハントンタイ市場周辺のナイトマーケット。毎日やっています。ここでは靴や洋服、アクセサリー、時計などの日用品が売られています。**観光地化されたベンタン市場に比べて値段はかなり安く、若者向けの商品も多数あります。**ただし、価格が安い分、値段交渉の余地もない場合も多いです。また、偽物、粗悪品も多数売っているので注意を。

　そして、ナイトマーケットでは屋台にもチャレンジしたいところ。ライスペーパーをピザのように焼いた**バンチャンヌン(Banh Trang Nuong)は、屋台でしか食べられないおすすめB級グルメ**です。

　なお、ナイトマーケット周辺は流しのタクシーも多いので、それを拾って帰ることも可能。行きのタクシーを待たせる必要はないです。

コツ25 Vietnam 雑貨は基本、観光客向けと心得よ 雑貨通りの歩き方

雑貨は基本、観光客向けと心得るべし

ベトナムはキュートな雑貨が安く買える雑貨天国。刺繍入りのポーチ、ビーズアクセサリー、カゴバッグ、食器などが人気です。そうした雑貨は観光客向けに作られたもので外国人が集まる観光地や市場で売っています。なので、外国人が来ないローカルな場所ではまず売っていません。**雑貨を安く買うなら市場や屋台で、大通りの店は定価制が多く高いですが、市場に比べて品質やセンスの良さが魅力**です。

定番ショッピングストリート 「ドンコイ通り」

ホーチミンの目抜き、ドンコイ通りには「マジェスティックホテル」や「ホテル・コンチネンタル・サイゴン」などの高級ホテルが建ち並び、ホーチミン観光の拠点です。刺繍のポーチ、子供服、陶器、かごバッグ、アクセサリー、民芸品などの店がたくさん並び、伝統的なものからオシャレ雑貨までなんでも揃います。日本語が話せるスタッフがいることも多く、ここで一気にバラ撒き用から自分用まで買い物を済ますことも可能です。**老舗の雑貨屋として有名な「エム・エム」**(em em)では、1店舗でベトナム全土のお土産を網羅しているといっても過言ではないほど、ベトナムの定番土産が揃っています。

82

日系オーナーの店が並ぶ　「パスター通り」

　　レロイ通りとの交差点を過ぎた辺りに、オシャレな雑貨を扱う個人店や、アオザイやワンピースなどのオーダーメイド店が並んでいます。例えば「**テウテウ**」（Theu Theu）は上品で可愛いアクセサリー、ボタン、バッグを扱う店。**雑貨ショップ**「**チチ**」(chi chi)には可愛いぬいぐるみや洋服があり、「**ブンガ**」（Bung）はお手製ハンガーや布バッグが人気です。センスの良い**オーダー服なら**「**ザッカ**」（Zakka）。パスター通りは日系オーナーの店が多く、日本語で話せる店も多いです。

質のいい雑貨を探すなら　「レロイ通り」

　　レロイ通りにはホーチミンでも**有名なカフェ&セレクトショップ**「**ルージン**」（L' USINE）があります。マグカップなどのキッチン雑貨から洋服まで洗練されたデザインのアイテムが揃っています。最近、話題の店は、**カラフルで愛らしいバッチャン焼きが並ぶ**「**サイゴンブティックハンドクラフト**」（Saigon Boutique Handicrafts）。可愛いもの揃いですが、値段が高いのが玉にきず。また、この通りには**ベトナムを代表するファッションブランド**「**イパニマ**」（Ipa-Nima）もあり、バッグに刺繍やビーズが入ったデザインが特徴的です。

ベンタン市場まで続く「レタントン通り」もおすすめ

　　レタントン通りの「**オーセンティック・ホーム**」（Authentique Home）はトンボ・蓮・菊などの伝統的な柄からモダンなデザインまで上質なバッチャン焼きを扱う店。落ち着いた雰囲気は和食器との相性も良く、日本でも活躍します。ベンタン市場から5～6分のところにある「**ハル・サイゴン**」（Haru Saigon）は、大きな花をあしらった帽子が看板商品。シャツや雑貨もあります。スワロフスキーを使ったオリジナルアクセサリーは「**レハン**」（Le Hang）で。友人へのお土産に最適。

お土産はスーパーマーケットで まとめ買い！　買い物の注意点

ホーチミンのスーパーマーケット

　バラ撒き土産用のリーズナブルなお菓子や、自分用に面白い土産を探すときに重宝するのが地元のスーパー。豊富な品数から安いもの、日本では手に入らない掘り出し物を探す楽しさがあるだけでなく、**賞味期限のある食料品や使用期限のあるコスメを買う場合は、市場で買うよりも管理がしっかりしているので安心**です。

ドンコイ通りの「サトラマート」がイチオシ

　サトラマートは**別名、土産専門スーパー**とも呼ばれる店。通常の食料品から、人気ブランドのお菓子、ベトナムの伝統手工芸として知られる刺繍や陶磁器などの雑貨、なんと民族衣装のアオザイまで入手できます。アオザイは既製品になるのでオーダーメイドする時間がない人に人気です。**ここに来れば、ベトナムの土産なら何でも揃う**印象です。あちこち回る時間がないなら、サトラマートに駆け込んで。

ライスペーパー

地ビール

ハス茶

高島屋の「アンナムグルメマーケット」も気が利いている

アンナムグルメマーケットは世界各国の輸入食材を扱っている高級スーパー。高島屋が入っているショッピングセンターの中にあります。ホーチミンの紀ノ国屋スーパーのような存在なので、**割高ですが気の利いた土産が揃っています**。ベトナム産のドライフルーツ、チョコレート、ジャム、蜂蜜はパッケージも可愛くておすすめです。

チョコレート

はちみつ

スーパーマーケットの注意点

ベトナムの地元系スーパーは、万引き対策のため**手荷物を入口のロッカーに預けるのが決まり**（貴重品や小さいポシェットなどはOK）。うっかりそのまま入ろうとするとガードマンに止められます。また、日本と同じで食事の準備が始まる時間帯は混みます。混雑する**お昼前後と夕方以降にはレジに長蛇の列**ができ、レジまで辿り着くのに20〜30分もかかることも。また、割り込みもよくあるので、レジに並ぶときは前の人との間隔をできるだけ詰めましょう。

賞味期限に要注意

スーパーマーケットの食品の中には傷んでいるものが混ざっていることもあります。目でよく確認してから購入し、賞味期限や製造年月日の表示もチェックしましょう。ベトナムでは、**賞味期限は「HSD」、製造日は「NSX」と表示され、日/月/年の順番に書かれて**います。例えば、「HSD 22/11/21」と書かれていたら、2021年11月22日が賞味期限です。

コツ27 Vietnam メコンクルーズの料金はピンキリ 安いものならわずか1000円！

冒険心をくすぐるメコンクルーズ

　ホーチミンから車で90分ほどのミトーの人気アトラクションは、**生い茂るジャングルの中、茶色く濁ったメコン川を手漕ぎ舟で進むメコンクルーズ**。このクルーズは、**中州の島に立ち寄り、食事をしてココナッツキャンディー工房を見学する行程**がパックになっています。日本語通訳付きのツアーの場合、食事にはミトー名物、全長約30cmの象耳魚の唐揚げが出ます。この白身魚はちょっとグロテスクですが、野菜と一緒にライスペーパーに巻いて食べると美味しいですよ。

　こうしたメコンクルーズを扱う現地ツアーは、現地のホテルやツアーデスク、日本からインターネット経由でも申し込みができます。料金は日本語ガイド付きで50US$（約5,000円）程度が相場で、ホーチミン市内からの送迎バスが付いています。料金は、食事内容、巡る島の数、果樹園や養蜂園見学、ワニの餌やりなどのオプションの有無で変わってきます。

象耳魚

安くて楽ちんな英語ツアーがおすすめ

　安くメコンクルーズがしたいなら英語ガイドの現地ツアーがベストで、相場は20US$（約2,000円）程度。なかにはホーチミンからの往復バス、メコンクルーズ、食事（格安プランの場合、象耳魚は別料金）、工房見学などが**すべて含まれて、わずか10US＄（約1,000円）**なんていうツアーもあります。

　路線バスがホーチミンからミトーまで出ていますので、個人でメコンクルーズに乗ることも可能です。船着き場で35万VND（約1750円）程度を支払えば、団体客と一緒に舟に乗せてもらえます。ただし、ミトーのバスターミナルから船着き場までは車で15分くらい離れていますので、バイクタクシーで船着き場まで行く必要があります。**個人で行く場合、意外とクルーズ料金が高いので、路線バスを体験したい希望がない限りは、ツアーで行くことをおすすめします。**

市内の主な見どころ

　ミトー市内は道路も整備され、意外と近代的な街です。市内観光の見どころは、**中国とフランスの建築様式が融合した寺院、ヴィンチャン寺**。巨大な涅槃像は高さ22mもあり、圧巻です。もう一つの観光スポットは**ヤシの実だけを食べて生活していたとされるヤシ教団の寺院跡**。今はアスレチックテーマパークのようになっていて、カラフルで奇妙な建物があります。この2つはツアーの中に組み込まれていることも多いようです。

ヴィンチャン寺

アクセス

●**バス**　ホーチミンのミエンタイバスターミナルからミトーまで所要時間約1時間半。6:00～18:00の間、30分間隔で運行。運賃3万VND～（約150円～）。そこからバイクタクシーで、メコンクルーズの船着き場まで約1km、市内中心部へ約3km。

●**タクシー**　ホーチミンから約80万VND（約4,000円）。ただし、ミトーから帰りのタクシーを拾うのはほぼ不可能。往復タクシーがいいなら、タクシーチャーターがおすすめ。ホーチミンから1日（10時間）チャーターした場合、目安160万VND程度（約8,000円）。

●**行き方のアドバイス**　クルーズ料金や食事代など、諸々トータルで考えると、自力で行くより現地ツアーの利用が断然おすすめです。

コツ28 Vietnam

クチの地下トンネルはガイド付きで観光！ 中腰で歩くのがキツイかも

クチトンネルとは

　ベトナム人にとってベトナム戦争は、アメリカに戦争で勝利したという誇りと共に、決して忘れられない記憶です。この戦争でアメリカ軍が最後まで攻略できなかったと言われているのが、**全長250kmにも及ぶ地下トンネル**。屈んでやっと通れるほどの細い**トンネルは複雑なアリの巣状で、会議室や兵器製造所、病院や台所までありました。**トンネルの場所はホーチミンから約70km離れたクチの街からさらに30kmほど離れたところで、現在、その一部が公開されています。**メコンクルーズと並ぶホーチミンからの人気観光スポット**です。

クチトンネル入口

当時の様子を再現した人形

クチトンネル見学の流れ

　公開されているクチトンネルは、ベンユック（Bến Dược）とベンディン（Bến Đình）の2か所で、どちらも見学内容はほぼ同じです。入場料はベンユックが9万VND（約450円）、ベンディンが11万VND（約550円）です。なお、ツアーでも入場料は別途徴収されることが多いので確認しておきましょう。**入場料にはガイド代も含まれており、個人、ツアーを問わず必ずガイドと一緒に回ります。**ガイドは通常ベトナム語か英語になりますので、日本語ガイドがいい場合は、日本人向けツアーで行く必要があります。

【資料室の見学】 ベトナム戦争やクチトンネルの概要をビデオで学びます。

【敷地内見学】 落とし穴や、窪地になっている爆撃跡、戦車などを見学して回ります。いくつもある手製のトラップはどれも巧妙に細工がされ、鋭い針山など、とても生々しいです。

【地下トンネル見学】 すべて手で掘られたというトンネルを、ほぼずっと中腰で進みます。野生のコウモリが顔のすぐそばにいることも。薄暗いトンネルに身を潜めて戦った当時の様子を体感できます。

【キャッサバの試食】 地上へ出たら、戦時中に主食とされていたイモ、キャッサバの試食タイム。一緒に提供される砂糖を付けて食べると、ほのかな甘みが広がって美味しいですよ。

【その他】 別料金で実弾射撃が体験できるエリアもあります。重い銃ですが、台に固定されているので女性でも気軽に挑戦可能です。

キャッサバ

クチ観光の注意点

　クチトンネルは森の中にあります。**トンネル内は薄暗くて狭く、ほぼずっと中腰**です。5分程度で外に出られますが、体勢がキツイのでけっこうな運動量に。腰痛持ちの方、閉所恐怖症、暗所恐怖症の方は注意しましょう。**汚れてもいい服、歩きやすい靴で行き、虫よけスプレー**もあると安心です。

トンネル内

アクセス

●**バス**　ホーチミンの9月23日公園バスターミナルから13番バスで終点クチバスターミナルへ。79番バスに乗り換え、「Ngã 3 Đến Bến Dược」で下車、所要時間約2時間半。ベンユックのチケット売り場までは、バス停前のゲートをくぐって道なりに徒歩約1km。13番4:30～20:30、79番5:30～17:30の間、10～20分間隔で運行。運賃計1万3,000VND～（約65円～）。

●**行き方のアドバイス**　現地ツアーはメコンクルーズとセットになったものや、クチトンネル単体で半日のツアーなど、数は豊富。乗り換えがあるものの難しいルートではないので、バスを使って自力で行くことも十分可能です。

コツ29
Vietnam

日帰りで海に行くならブンタウで決まり
気分に合わせて船で行くのも◎

ブンタウの海

ホーチミンのローカルビーチ

　ホーチミンから気軽に行ける海として
人気なのが、ここブンタウです。どこか**懐
かしい熱海のような雰囲気**があり、中部のビーチに比べると観光客よ
りも現地の人が多く楽しんでいます。ブンタウには4つビーチがあ
り、**海水浴には遠浅のバックビーチ**がおすすめ。ただ、ベトナム人は
服を着て泳ぐため、現地の人が多いブンタウでは**ビキニは少し浮いて**
しまいます。上にTシャツなどを着ると安心です。

キリストの肩から絶景を眺める

キリスト像

　　　山の頂にあるブンタウのシンボル、高さ30mのキリ
スト像。**無料の展望台になっており、中に入って街や
海を一望**できます。キリスト像までは石段を20分ほど
上り、さらにキリスト像内部で階段を上ります。歩き
やすい靴で行くのはよいのですが、キリスト像は神聖
な建築物。**中に入る際に服装をチェック**され、露出の多い服装、男性
は長ズボンでないと入れないので、ビーチ帰りの方はご注意を。

新鮮な海鮮を食べよう

　ビーチ沿いには魚介料理の食堂や屋台が多数並んでいます。人気
は**ベトナム風タコ焼きと呼ばれるバインコット**（Bánh Khọt）。タコ
ではなくエビやイカが入っていて、そのままでもヌクマムに付けても
美味しいですよ。また、屋台にはさまざまな海鮮焼きが売っています

が、**おすすめはタコの網焼き**。日本のタコより柔らかく、ジューシーです。ヌクマムやライム胡椒を付けてどうぞ。デザートには、ブンタウ発祥と言われる**パンケーキ風のお菓子、バインボンランチュンムイ**（Bánh Bông Lan Trứng Muối）も人気です。

バスと船、気分に合わせて選べる行き方

　ホーチミンからブンタウへは、バスでも船でも所要時間は約2時間。費用を抑えるならバス、旅気分を高めるなら船、好みに合わせて行き方が選べるのも魅力です。

(バス)

　複数のバス会社がブンタウ行きを出していますが、バスで行くならフーンチャンバスがおすすめです。（コツ9参照）オレンジに緑の文字が目印の有名なバス会社で、快適に利用できます。

(船)

　ブンタウ行きは「GREENLINE　DP」一社のみ。乗り場はホーチミン中心部からタクシーで10分程度の場所にあります。本数が少ないので、事前にHPから予約必須。HPは英語表記があります。オンライン決済をすると、メールでe-チケットが送られてきますので、乗船当日、オフィスで見せてチケットを発行しましょう。

アクセス

●**バス**　ホーチミンのミエンドンバスターミナルからブンタウまで所要時間約2時間。4:00～19:40の間、20分間隔で運行。運賃7万5,000VND～（約375円～）。フーンチャンのバスは6:00～19:00の間に1時間間隔で運行。運賃9万5,000VND～（約475円～）。

●**船**　「GREENLINE　DP」の一社のみ。8:00～16:00まで1～2時間間隔で出航。運賃20万VND（約1,000円）程度。

●**行き方のアドバイス**　ホーチミンからは、バスでも船でも所要時間はほぼ同じ。安いのはバスですが、気分に合わせて船にチャレンジしても楽しいですよ。

ホーチミン
「タンソンニャット国際空港」

✦　✦　✦

　ホーチミン中心部から車で30分ほどの
場所にある。国際線ターミナルは地上4
階建てで、GF（日本でいう1階）が到着
出口、2F（3階）が出発口です。GF（1階）
中央出口の左右には両替や、ハイヤーサー
ビスのカウンターが並び、出口を出ると、

バスやタクシーの乗り場があります。国内線専用のターミナルは、国際線
ターミナルから徒歩で5分ほどの場所にあります。

南ベトナムの玄関口はレストランやショップが充実

　到着ロビーには入国後、一休みできるカフェやファストフード店がありま
す。また、帰国前に空き時間ができてしまっても心配無用。出国手続き
後のエリアにショップやレストラン、カフェ、リラクゼーションが充実し
ています。空港の3F（2階）には、お土産を買えるショップが並んでいま
す。なかでも「SASCO Shop」は大きく、コーヒーやお菓子、食器、工芸
品など、定番のお土産は一通り揃っています。日本語対応できるスタッフ
もいるので安心です。そのほか、お菓子系、バッグ、アオザイなどを扱う
店があります。免税店は3F（2階）のフロアです。

　最後にベトナムグルメを堪能したいなら、3F（4階）のフードコートへ。
バイン・ミーやフォーなどの定番メニューが揃っています。3階の「Sleep
Zone」という仮眠施設は、30分400円で利用可能。搭乗ゲート8、9近く
には無料のソファー席があり電源も使えます。空港はドル表記ですが、ド
ンでも支払うことが可能です。

第6章

ダナン
&
ダナン周辺
観光のコツ

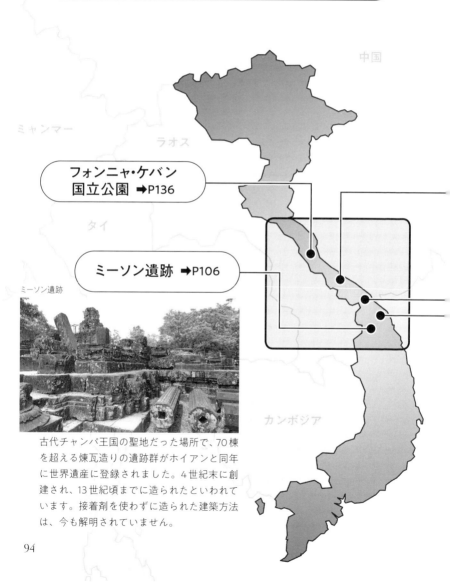

ダナン&周辺 エリアガイドマップ

中国

ミャンマー

ラオス

フォンニャ・ケバン
国立公園 ➡P136

タイ

ミーソン遺跡 ➡P106

ミーソン遺跡

カンボジア

古代チャンパ王国の聖地だった場所で、70棟を超える煉瓦造りの遺跡群がホイアンと同年に世界遺産に登録されました。4世紀末に創建され、13世紀頃までに造られたといわれています。接着剤を使わずに造られた建築方法は、今も解明されていません。

フエ ➡P102

グエン朝王宮の門

ベトナムで最初に世界文化遺産として登録されたのが、フエの建造物群。かつてグエン朝の都として栄えた街で、旧市街には数々の風格ある建造物群がそのままの姿で残っています。鮮やかな見た目の宮廷料理のコースが味わえるレストランもあります。

サンワールドバーナーヒルズ

ダナン ➡P96、98、100

ダナンのビーチ

ベトナム屈指のビーチリゾートとして知られ、「世界の美しいビーチ6選」に選ばれた白砂のミーケー・ビーチや、インスタ映えすると人気のテーマパーク、サンワールドバーナーヒルズ、パワースポットとして知られる五行山などが見どころです。

ホイアン ➡P104、106

ホイアンのランタン

かつて交易の拠点として栄え、中国や日本の建築様式を取り入れた旧家が今も多く残る港町。ノスタルジックな旧市街は世界文化遺産に登録されています。観光の目玉は、夜の街並み。無数のランタンの明かりとライトアップされた旧市街はとても幻想的です。

コツ30 Vietnam 人気急上昇！ 中部観光の拠点、ダナンの魅力を押さえよう

日本から直行便で行けるビーチリゾート

気軽に行ける美しいビーチリゾートとして人気のダナン。なかでも**ミーケー・ビーチはアメリカのフォーブス誌が選ぶ「世界の美しいビーチ6選」にも選ばれ、砂浜と青い海が続きます**。オシャレなレストランやカフェも多く、女子旅にぴったり。みんなでワイワイするよりロマンチックに過ごしたいカップルは、ミーケー・ビーチに比べて人が少ないノンヌック・ビーチもおすすめです。

ダナンの魅力はホテルにあり

リゾート開発が進むダナンは豪華な5つ星ホテルや大型リゾートホテルなどが揃い、ホテル好きにはたまらないエリアになっています。

●フラマーリゾートダナン
ダナンを代表する5つ星老舗ホテル。ヴィラとホテルの客室があり、広い敷地にヤシや花々が生い茂り、南国気分たっぷり。
●フュージョンマイアダナン
宿泊代金にスパ料金が付いていて30種類の中から好きなスパを1日2回無料で受けられる。しかも全室プライベートプール付き。
●プルクラリゾート
古代チャム文化の香りがするインテリアが素敵な日系ホテル。全室プライベートプール付きのヴィラタイプ。
●インターコンチネンタル ダナン サン ペニンシュラ リゾート
人里離れた半島の斜面にあり、海を一望できるラグジュアリーホテル。ホテルから海岸へはケーブルカーで移動。

96

世界遺産にアクセスしやすい中部観光の拠点

ダナンから4つの世界遺産にアクセスしやすいのも魅力です。

- **古民家が連なるノスタルジックな古都ホイアン**
  ダナンからタクシーなら40分で到着。
- **中国やフランスの意匠を取り入れた華麗なフエの建造物群**
  ダナンからバスで3時間。
- **世界最大の洞窟のあるフォンニャ・ケバン国立公園**
  ダナンから車で6時間。
- **チャンパ王国の聖地であるミーソン遺跡**
  ダナンから車で1時間半。

ナイトスポットで夜更けまで遊び尽くす

ドラゴン橋

　ビーチのイメージが強いダナンですが、実はナイトスポットも充実しています。街のシンボル、**ドラゴンの装飾がされた全長666mのロン橋も、夜になるとライトアップされます**。ドラゴンの目がハートなのも可愛いポイント。毎週土日の21:00からは、ドラゴンの口から炎や水を吹き出す10分程度のパフォーマンスもあります。また、もっとアクティブに夜を楽しむなら、市内の高層ホテル、**ノボテルホテル（Novotel Hotel）最上階のルーフトップバー「SKY36」がおすすめ**。36階、地上166mの高さからダナンの夜景を一望でき、DJが大音量でクラブミュージックを流しています。治安がよいと言われるダナンだから、安心して夜の街を楽しめます。

インスタ映えするピンクのダナン大聖堂

ダナン大聖堂

　女子旅でインスタ映えを狙うならダナン大聖堂へ。内部はミサ以外では入れませんが、ゴシック様式のピンク色の外観はとても可愛く、周辺はいつもカメラやスマートフォンを構えた若者であふれています。

サンワールドバーナーヒルズの攻略は、午前から行動あるのみ

サンワールドバーナーヒルズの見どころ

今、ダナンで話題の観光地がダナン中心部から車で約1時間のところにあるサンワールドバーナーヒルズです。山頂一帯に広がる緑に囲まれたテーマパークで、巨大な手で支えられた橋、**ゴールデンブリッジ**（Golden Bridge）

ゴールデンブリッジ

が、まるで「神の手」のようで写真映えすると大人気になっています。敷地内には**全長約6,000mのロープウェイ**もあり、晴れていればダナン中心部まで見渡す絶景が見られます。このほか、中世のフランスの街並みを再現したフランス村や、ほのぼのしたアトラクションもあり、観光客だけでなく地元の人も押し寄せています。

チケットは大人75万VND（約3,750円）、子ども60万VND（約3,000円）で、ベトナムの価格相場を考えると高めの入場料です。また、子どもは年齢ではなく、**身長1.3m以下が子ども料金**になります。身長1m未満は無料ですが、背の高い子は大人料金になってしまうので注意しましょう。クレジットカードで支払いができます。

「神の手」の写真を撮るなら午前中に

園のシンボルである「神の手」といわれる**ゴールデンブリッジ**は、混んでくると撮影場所の取り合いになるので、早い時間に行くのがおすすめです。テーマパークへはロープウェイに乗っていきますが、

「神の手」にまず行くなら「ホイアンステーション」から乗りましょう。ロープウェイで山をいくつか越え、ゴールデンブリッジに到着するまで約20分。**ギネス認定の世界最長落差だけあって、移動というよりアトラクションと呼ぶ方がふさわしい、見ごたえのある景色を堪**能できます。また日曜に撮影するつもりなら、朝イチ7:00のロープウェイに乗らないと良い写真は撮れません。

屋外コースターで景色を楽しむ

フランス村と呼ばれるエリアはディズニーランドのような雰囲気があり、ここも写真映えするスポットが多いです。散策を楽しんだら、ファンタジーパークと呼ばれるアトラクションエリアへ。**アトラクションのイチオシは、アルペンコースターと呼ばれる屋外のコースター**で、速度を自分で調節しながら下ります。人気なので並ぶことも多いですが、ぜひ乗ってみてください。そのほか、屋内にも日本のゲームセンターのようなエリアやクライミングブースなどがあり、ほぼすべて追加料金なく遊び放題です。思い切り遊んだら、一気にロープウェイで麓まで下りて出口へ。下りのロープウェイはとてもスリリングで、行きとはまた違った感覚で楽しむことができます。

フランス村の街並み

行くなら午前中がおすすめ。気温の変化に要注意

山なので、頂上付近はかなりひんやりしています。上着は必ず持っていきましょう。また、園内ではいたるところでホットドッグなどの軽食が売られていますが、入場料同様、値段は約500円程度とやや高め。園内は所要時間3時間程度みておけばすべて回れるかと思いますので、**午前中開園と同時に行き、昼食は外で食べるのもおすすめ**です。開園と同時に行けば、ゴールデンブリッジの混雑も避けられます。

コツ32 Vietnam
パワースポット五行山で運気アップ！
巡礼で押さえるべきポイント

ベトナム随一のパワースポット、五行山（Ngũ Hành Sơn）

　ダナン中心部から車で15分ほど走ったところに
あるのが、**ベトナムのパワースポット**として名高い
五行山です。五行山は5つの山で構成され、山全体
が大理石（マーブル）でできていることから、**マー
ブルマウンテン**とも呼ばれています。5つの山は風
水の陰陽五行説に元づき宇宙を表す木火土金水で

五行山からの眺め

名付けられていて、**一番大きなトゥイーソン山（水）が代表的な観光
地**になります。長い石段や山道を登ると、ほか4つの山々と美しい南
シナ海を見渡す最高の眺めが広がっています。

ホアギエム洞窟とフィエンコ洞窟は見ておこう

　トゥイーソン（Thùy Sơn）の入山料は4万VND（約200円）。ゲート
1の入口からは傾斜のキツイ階段が続きますが、ゲート2の入口から
入れば途中まで1万5,000VND（約75円）でエレベーターに乗れます。
　トゥイーソンの観光・参拝スポットは全部で15か所あり、全部行く

洞窟の中

展望広場にあるサーロイ塔

100

のは大変。**メインスポットはトゥイーソンのちょうど中心部に位置するホアギエム洞窟（Động Hoa Nghiêm）とフィエンコ洞窟（Động Huyền Không）**です。二つの洞窟は中で繋がっており、ほかの洞窟に比べて高さがあります。**洞窟内に祀られた祭壇に光が射す神秘的な光景は一見の価値あり**です。あまり時間がないようならここだけでも押さえましょう。時間に余裕があれば、タムタイ寺（Chùa Tam Thái）やタムトン寺（Chùa Tam Tòn）もホアギエム洞窟近くにあるので一緒に見ることができます。また、体力にまだ余裕があれば、さらに頂上まで階段を上ってぜひ南シナ海を望む絶景をご堪能ください。

トゥイーソンまでは路線バスにトライ

ダナン中心部からトゥイーソンまでは車で約15分、タクシーもいいですが、**路線バスでもダナン中心部から1本で行くことができ、本数も多いので、バスに挑戦するのにおすすめな路線**です。**01番のバス**に乗ります。乗り場はいくつかありますが、**ダナン大聖堂前がわかりやすい**です。バスの間隔は15〜20分で、20分前後で到着します。運賃は通常2万VND（約100円）ですが、外国人は5〜10万VND程度（約250〜500円）を車掌の判断で請求されます。そういうものだと割り切って払いましょう。バスを降りたら大通りを横断し、石材店が並ぶ道を200m程歩くと入口が見えてきます。

トゥイーソン観光の注意点

トゥイーソンのほとんどの道は階段が整備されていますが、**勾配のキツイ階段が多く、よじ登るような所もあり、けっこうハード**です。洞窟内は薄暗く、滑りやすいので注意しましょう。また、山とはいえトゥイーソンはとても暑いです。水分補給は忘れずに。所要時間は見どころだけをさっと見るなら1時間程度、ほかの寺院もじっくり見たいなら2時間半程度見ておくと良いでしょう。

コツ33 Vietnam

世界遺産、フエの建造物群の巡り方 セットチケットがお得！

ベトナム王朝の歴史を感じる

　ベトナムで初めて世界遺産に登録されたのが、ここ、フエの建造物群です。**ベトナム最後の王朝であるグエン朝（1802－1945年）が都を築いた場所**で、王宮の美しい建築がそのまま残り、のんびり散策するだけでも楽しめます。ダナンから北へ車で約2時間、まるで三国志の時代に迷い込んだような世界が広がっています。

観光の代表的スポットを押さえたセットチケット

　フエには王宮、寺院、皇帝陵など多数の歴史ある建築が残っていますが、全部見るには3日はほしいところ。**時間が無い方は、フエの4大観光スポットだけでも押さえましょう。**

- ●ベトナム最古の王朝であるグエン（Nguyễn）朝王宮
- ●教会建築など西洋風の建築技術を取り入れたユニークなデザインのカイディン（Khải Định）帝廟
- ●4代目皇帝のトゥドゥック帝の帝陵で広々と落ち着いた雰囲気のトゥドゥック（Tự Đức）帝廟
- ●ミンマン皇帝自ら設計した中国風のミンマン（Minh Mạng）帝廟

グエン朝王宮

カイディン帝廟

　これらはそれぞれ入場料がかかりますが、この**4か所の入場料がセットになったお得なチケット**が販売されています。大人36万VND（約1,800円）、子ども7万VND（約350円）で、個別に入場料を払うより安くなるうえ、購入の手間も省けます。有効期限も購入日から2日間あるのが嬉しいです。セットチケットは、各施設で販売しているのですが、時期によって王宮でしか販売していないこともあるので、**最初に王宮でチケットを購入することをおすすめします。**

見た目も鮮やか、宮廷料理を食べよう

　フエでぜひ食べたい宮廷料理。素材や味へのこだわりはもちろん、**芸術的な野菜の彫刻や色鮮やかな盛り付けは、見るだけで贅沢な気分**になれます。また、出汁を効かせた宮廷料理は日本人の舌に合うと評判です。通常、宮廷料理はコースで出され、金額は2名で約140万VND（約7,000円）〜。旧市街の

宮廷料理

「**アンシエント・フエ**」（Ancient Hue）や、1975年創業の「**ロイヤル**」（Royal）が有名です。ロイヤルでは、王族の衣装を着て伝統音楽を聴きながら食べるコース（2名で396万VND）もあります。どの店も予約が必要です。ホテルなどで予約してもらいましょう。

アクセス

●**バス**　ダナンバスターミナルから所要時間約3時間。1日3便寝台バスが運行。運賃5万5,000VND（約275円）。

●**列車**　ダナンから所要時間約2時間半。1日7便運行。運賃7〜9万VND（約350〜400円）。時期や席の種類によって変動。

●**行き方のアドバイス**　ダナンからフエへはバスでも行けますが、列車もおすすめ。標高約500mのハイヴァン峠を抜ける車窓からの眺めはまさに絶景です。駅でのチケット購入も、ダナンから列車に乗る人のほとんどがフエに行くので、一言「フエ！」と言えば英語が苦手でも大丈夫。

街全体が世界遺産！
ホイアン旧市街の巡り方

ノスタルジックな港町、ホイアン

　15～19世紀に東西交易の拠点として栄えたホイアン。中国南部に見られる黄色い壁の建物や日本的な印象を受ける木造の平屋など、どこか懐かしい風景が広がっています。ダナンからは車で約1時間あれば行くことができますが、ホイアンは夜の見どころが多いので1泊以上の滞在がおすすめです。

旧市街の見どころを押さえよう

　旧市街一帯が世界文化遺産として登録されているホイアン。**見どころは、川沿いのバクダン（Bạch Đằng）通りと、旧市街の中心を走るチャンフー（Trần Phú）通り周辺**になります。旧市街中心部に**ある来遠橋はホイアンのランドマーク**的存在です。日本人商人によって架けられた橋だと伝えられ、日本橋とも呼ばれています。屋根

潮州会館

が付いた独特な形状は風情があり、2万VND札にも印刷されています。そのほか、ピンク色の立派な門構えが特徴的な**福建会館**、約200～300年ほど前に建てられた旧家、**進記家、均勝號、馮興家**、民家をそのまま博物館にした**貿易陶磁博物館**もおすすめです。両地区は歴史保護地区になっており、車両規制されているため安心して歩けるのも嬉しいポイントです。

旧市街

旧市街の観光にはチケットが必須

　ホイアン旧市街の歴史的建造物へ入場する際は、チケットが必要です。これは**単体では買えず、5枚綴りで12万VND（約600円）**です。ホイアンにある全22カ所の観光スポットで使うことができ、1枚で1か所、任意の観光スポットに入場できます。

チケット売り場

注意すべきなのは、**建物内部に入らなくても世界遺産エリアの旧市街に入るだけでチケットをチェックされる**こと。それにも関わらず、街の入口に入場ゲートなどがあるわけではないので、チケットが必要だと知らない人が係員に呼び止められてトラブルになることも。建物内部に入らなくても、ホイアン観光でチケットは必須ですので覚えておきましょう。チケット売り場は旧市街に13箇所程度あり、簡単に見つけられます。黄色や茶色の小さな小屋が目印です。

ホイアン三大名物を食べよう

　ホイアンの三大名物料理は、ホワイトローズ（White Rose）、揚げワンタン（Fried Wonton）、カオラウ（Cao Lẩu）の3つです。ホワイトローズは、エビのすり身を米粉の皮で包んだ蒸し餃子で、白いバラに見えることからそう呼ばれています。モッチリした食感が癖になる美味しさです。揚げワンタンは、米粉の皮のワンタンに豚肉や野菜を詰めて揚げ、チリソースなどをかけたもの。カリっとスナック感覚で食べることができ、屋台でもよく売っています。カオラウは、米麺に甘辛いタレを付ける汁なし麺。アルカリ性の強いホイアンの井戸水

ホワイトローズ

だからこそできるコシのある麺が特徴で、日本人からは讃岐うどんみたいだと評判です。チャンフー通りのレストランは値段が高めなので、**バクダン通りのレストランがおすすめ**です。

コツ35
Vietnam

ランタン祭りとミーソン遺跡
ホイアンは夜が面白い！

ホイアンは夜からが観光の本番

　ホイアンの街は、日が暮れると通りに吊るされた無数のランタンに明かりが灯り、幻想的な雰囲気に包まれます。特に**ナイトマーケットのランタンは必見**です。形も色もさまざまなランタンが淡い光を放つ光景は、まるで異世界に迷い込んだよう。この景色見たさにホイアンに来る人も多く、まさにホイアン観光のハイライトといえます。

　そして、**バクダン通りや来遠橋周辺では、灯篭流しを体験**できます。色鮮やかにライトアップされた来遠橋も見ものですが、それを背景にゆらゆら揺れて流れる灯篭の明かりはとても神秘的です。灯篭売りの子供たちが客引きをしていますので、ぜひ灯篭を買ってトゥボン川に浮かべてみましょう。

毎月開催、ランタン祭りへ行こう

　毎月旧暦の14日、満月の日に開催されるホイアンのランタン祭り。ホイアン歴史保護地区である、レロイ通り、チャンフー通り、グエンティミンカイ通り、バクダン通り、グエンタイホック通りで開催されます。ランタン

ランタン

祭りは、蛍光灯などの人工的な明かりはすべて消さなければならず、ランタンの明かりだけで夜を過ごします。祭りの当日は18:00頃から徐々にランタンが灯り始め、20:00には街全体がランタンの明かりに包まれます。

どの通りに行けばよいか迷ったら、**目抜き通りのチャンフー通りとバクダン通りを押さえれば間違いない**でしょう。毎夜実施している灯篭流しもランタン祭りの日にはとても賑わい、たくさんの灯篭の明かりが流れる様はいつもより一層幻想的になります。

世界遺産、ミーソン遺跡まで足を延ばす

ミーソン遺跡はホイアンと同年に世界遺産に登録された煉瓦造りの遺跡群です。ゲーム「ドラゴンクエスト」の世界みたいという声も多いです。四方を山に囲まれた神秘的な遺跡群は、チャンパ王国の聖地でもありました。ミーソン遺跡まではダナン市内からも車で約2時間強、ホイアンからは約1時間半で行くことができます。ツアーを使えば半日でホイアンに帰って来ることができますので、午前中のみの散策にしてもおすすめです。ミーソン遺跡はA〜Eまでの遺跡群に区分けされています。見どころは、B、C、Dエリア。**時間が無ければB、C、Dエリアだけ見ても良いですし、ぐるっと一通り見て回るなら、Kエリアを起点に左回りで回るの**がおすすめです。所要時間は1時間半〜2時間程度見ておけば良いでしょう。

ミーソン遺跡

アクセス

● **バス**　ダナンからホイアンまで循環バスが往復。所要時間約1時間、運賃2万VND（約100円）。運行時間5:00〜18:00。

● **行き方のアドバイス**　タクシーで行けば、ダナンからわずか40分程度で行くことができます。ホイアンは夜の見どころが多いため、1泊以上するならツアーの利用もおすすめです。

ダナン
「ダナン国際空港」

✦　✦　✦

　中部ベトナムのハブ空港で、日本から中部エリアのホイアンやフエなど
へ向かう場合、この空港を経由することもあります。ダナン中心地まで車
で15分程度と好立地。日本からの直行便が到着する国際線専用の第2ター
ミナルは、2017年に完成したばかりできれいです。建物の出口からま
っすぐ進み、横断歩道を渡るとタクシー乗り場があります。市内から空港
へはバス路線はなく、タクシーの利用が一般的。渋滞していなければ10
万VND（約500円）程度が相場です。また、国際線から国内線のターミナ
ルへも徒歩5分程度で、飛行機の乗り継ぎがしやすいのも特徴。ホーチミ
ン、ハノイを経由してのアクセスにも便利な空港です。

ベトナム最新鋭の空港にはカフェやショップも完備

　ホーチミンやハノイの空港ほど多くはありませんが、ダナン空港でもお
土産を買えるショップやカフェが揃っています。到着後の腹ごしらえな
ら到着ロビーの「Star Cafe」。軽食やドリンクが注文できます。帰りの待
ち時間は、出発ロビーにある「HIGHLANDS COFFEE」でバイン・ミーや
ベトナムコーヒーを味わって、ベトナムグルメに別れを告げるのもアリ。
　買い忘れのお土産があれば、出発階の制限エリアに行きましょう。「ロ
ッテ免税店」のほか、お菓子から雑貨まで幅広いジャンルのお土産を取り
揃えている「LUCKY SOUVENIR SHOP」、地域の特産品などベトナムなら
ではのアイテムを扱う「MADE IN ViETNAM」、ベトナム雑貨やコーヒー、
ナッツ、ドライフルーツが揃う「Chi's shop」など、様々なショップが並
んでいます。

第7章

ハノイ
&
ハノイ周辺
観光のコツ

ハノイ&周辺 エリアガイドマップ

中国

ミャンマー

サパ ➡P138、140

ニンビン（チャンアン、タムコック）
➡P116

タムコック

タイ　ラオス

カンボジア

ニンビン省には「陸のハロン湾」と呼ばれる
景勝地、チャンアンとタムコック、ベトナム
初の独立王朝である古都ホアルーなどがあり、
これら一帯は世界複合遺産に登録されていま
す。渓流や水田が広がる湿地を手漕ぎ舟で進
み、洞窟を巡るツアーが人気です。

ホアンキエム湖

ホアンキエム湖

ハノイ ➡P112、114

ベトナムの首都で、ホーチミン廟やタンロン遺跡など、ベトナムの歴史に関わる建造物が点在。街の中心、ホアンキエム湖周辺にはオシャレな店が集まり、ハノイ大教会や水上人形劇場などもあります。北側に広がる旧市街は、細い路地に店が所狭しと並んでいます。

ホーチミン廟

ハロン湾 ➡P142

無数の奇岩がエメラルドグリーンの海に浮かぶ世界遺産で、水墨画のような美しさから「海の桂林」とも称される景勝地です。石灰岩の浸食でできた鍾乳洞を探検し、水上の漁村を訪問するクルーズが人気。夕日や朝日を見られる1泊2日のツアーもあります。

ハロン湾

バッチャン ➡P118

「バッチャン焼き」と呼ばれる陶器のふるさと。村の市場には100軒以上も陶器の店が並び、街全体が陶器の店という雰囲気です。「バッチャン焼き」は、700年以上も歴史があり、最近ではモダンな柄も作られています。ベトナムの定番土産として人気です。

バッチャン村

コツ36 Vietnam ベトナム人の尊敬を集めるホーチミン廟は、お参りに行くつもりで

ホーチミン廟とは

ホーチミン廟

　ベトナムの民族解放と南北統一のために生涯をささげた**建国の父、ホーチミン主席（ベトナムの紙幣に描かれている方）**が眠る廟で、永久保存措置を施された亡骸が霊廟の中でガラスケースに安置されています。廟は1945年に自身が独立宣言をしたバーディン広場を臨む場所にあり、ベトナム全土から集められた自然の素材を用いて建造されています。入口はホーチミン廟から少し離れた場所のNgọc Hà通りにあるので要注意です。

朝6:00から入場を待つ人の列

　ホーチミン廟の**お休みは月曜、金曜**。それ以外は平日7:30～10:30、**土日祝は11:00まで入場可能**です。観光客だけでなくベトナムの修学旅行生などがやってくるので混雑は覚悟して行きましょう。大勢の人が6:00頃から並び、セキュリティチェックも1時間後には始まります。暑くならない朝のうちに行くのがコツ。入場は無料です。

神聖な場所なので撮影はもちろん、私語、短パン禁止

　ベトナム人にとってホーチミン主席は最も敬愛する人物。**廟の中は撮影禁止、私語禁止**です。廟の外の列に並んでいるときも喋っていると注意を受けます。事前に手荷物検査があり、**カメラはもちろんiPadなどの電子機器も持ち込めません**ので、入口で袋に入れて預けます。預けた荷物は出口で引換証を渡して返却してもらえます。

また、ノースリーブやハーフパンツなど肌の露出の多い服、帽子やサングラスをしたままでは入れません。

毎日の旗揚げ式は6:00（4月1日から10月31日までの暑い季節）と6:30（11月1日から3月31日までの寒い季節）に始まります。旗を下げる式典は21:00に行われます。正面入口には花が飾られ、怖い顔をした白い軍服姿の衛兵が立っています。噂によると蚊に刺されても針で刺されても動いてはいけないとのこと。衛兵は一時間ごとに交代し、そのときに交代式が行われ、その機敏な動きも見ていて面白いです。

ホーチミンの家にも行ってみよう

道順に沿って進むとホーチミンの家で、入口にチケット売り場があります。料金は4万VND（約200円）。ここでも手荷物検査を受けます。フランス植民地時代に建てられた大統領府を見ながら進むと**ホーチミンが1969年に亡くなるまで11年間住んでいた高床式住居**があります。質素な造りで、高潔な人柄を感じられます。中には入れませんが、外から家具や調度品、愛読書などを見ることができます。

ハノイっ子おすすめの文廟は学問の神様

ホーチミン廟から歩いて行ける場所にある文廟は、**孔子を祀るために李王朝の第三代皇帝であった李聖宗によって築かれた**もの。さらに、儒教を学ぶためにベトナム王朝最古の大学を併設されました。敷地内には紙幣にも描かれて

文廟

いる奎文閣などの楼門のほか、孔子像を祀る大聖殿、歴代の科挙の合格者名を刻んだ石碑が並び、ベトナムが中国文化から強い影響を受けたことがわかります。**現在は合格祈願の場**としてベトナムの受験生が多く訪れます。入場料は3万VND（約150円）です。

コツ37 Vietnam

夜更けまで遊び尽くそう！
日本人でも入りやすいナイトスポット

ライトアップされるホアンキエム湖

　ハノイの中心になる美しい湖、ホアンキエム湖は周囲1.8kmのこぢんまりとした湖。周辺は夜になると**玉山洞、ハノイ大教会チャンティエン通りなどがライトアップされて昼間とは違うムーディな雰囲気**になります。地元の人の恰好のデートスポットです。シクロの客待ちも多く、30分10〜15万VND（約500〜700円）で1周してくれます。

夕方からベトナム伝統の水上人形劇を見る

水上人形劇

　水上人形劇が行われるタンロン水上人形劇場はホーチミン主席が1956年に子どもたちのために建てたもの。**ベトナムの生活や伝説を題材とした劇**がベトナム語で上演され、15:00、16:10、17:20、18:30、20:00と毎日5公演行なわれています。料金はAシート：20万VND（約1,000円）、Bシート：15万VND（約750円）、Cシート：10万VND（約500円）。**日本語パンフレットもありますので、必ず入手しましょう。**

　1回の公演時間が約50分と短いので、ホアンキエム湖周辺の散策と一緒にできます。チケットは、劇場の入口横にあるチケットオフィスで予約・購入できます。ツアーでなくても簡単に行けますが、**人気があるので予約や事前のチケット購入は必須**です。

ナイトマーケットを散策して楽しむ

　週末の金曜から日曜にナイトマーケットが開かれるのはホアンキエム湖のすぐ近く。電飾が見えたら、そこが開催場所です。道路が歩

行者天国のようになり、たくさんのテーブルやテントが広げられ、服、雑貨、靴、腕時計、アクセサリー、ローカルグルメの屋台が並びます。散策がてらブラブラしながらハノイの活気と喧騒を楽しめます。

ルーフトップバーでハノイの夜景を堪能する

ハノイの夜におすすめなのが超高層ビルの屋上にあるルーフトップバー。軽食も頼めますので、夕食を兼ねていくのもおすすめ。ただし、子どもは入店不可の場合もあるので、確認ください。

TOP OF HANOIのルーフトップバー

●TOP OF HANOI (トップ オブ ハノイ)
超高層のLOTTE Towerの65階屋上にあるルーフトップバー。
●The Summit Bar (サミットバー)
5つ星ホテルPan Pacific Hanoiの屋上にあるルーフトップバー。タイ湖とチュックバック湖を一望できる。
●Sunset Bar (サンセットバー)
InterContinental Hanoi (インターコンチネンタル ハノイ) West Lakeの中にあるバー。タイ湖に浮かぶような造りがロマンチック。

ハノイを象徴する美しいオペラハウスでのショー

水上人形劇も興味ない、トップバーは行った、という人におすすめなのが**ハノイに残るフランス建築の代表格、オペラハウスでのAOショー「ラング・トイ-私の村」**。古代ベトナムの生活を詩的に表現した竹を使ったアクロバットショーで、伝統楽器も演奏されます。19世紀のフランスにタイムスリップしたような空間とベトナムの伝統文化、2つを味わえるのはこのショーだけ。18:00開演で料金は7万〜210万VND(約3,500〜11,000円)。劇場入口にあるチケットオフィスで予約・購入できるので、予約や事前のチケット購入がおすすめです。

チャンアンとタムコック、行くならどっち？ 似て非なる違いを知ろう

陸のハロン湾と呼ばれる景勝地

　ハノイの南100kmほどのところにあり、車で2時間ほどで行ける**タムコックとチャンアンは2014年に「チャンアンの景観複合体」として世界遺産に登録**されました。水田の湿地帯に石灰岩の断崖絶壁が林立する山水画のような風景は**「陸のハロン湾」とも言われています**。ハノイから日帰りの場合、時間的にチャンアン、タムコックのどちらか一択になります。

48もの鍾乳洞があるチャンアン

　キングコングの映画「髑髏島の巨神」のロケ地にもなった**チャンアンはスケールの大きさが魅力**です。観光は女性の船頭が漕ぐ舟に乗り、川沿いの洞窟などを3時間ほどかけて1周します。ずっと舟に乗っているわけではなく、**途中、舟から降りてお寺などを観光**します。コースは3つあり、好きなコースを選択可能です。料金は20万VND（約1,000円）ですが、チップとして1人あたり2万VND（約100円）程度払いましょう。

チャンアン

水田風景を楽しめるタムコック

　タムコックも舟で洞窟に行く点は同じですが、規模が小さくのんびりした雰囲気があります。違いは**女性の船頭が舟を足で漕ぐこと、川幅が狭く奇岩がすぐ目の前で迫力があり、水田風景も楽しめること、舟から降りての観光はない**ことです。所要時間は約2時間

タムコック

で、料金は27万VND（約1,350円）。ただし、折り返し地点の売店の押売りや船頭のチップ要求が激しいのが難点です。チップは1人あたり2～3万VND（約100～150円）程度が適正かと思います。

宿泊するならタムコック周辺がおすすめ

タムコック周辺にはホテルや飲食店、土産屋などがあり、ここ一帯で最も観光開発されたエリアと言えます。自転車を借りて、近くにあるムア洞窟、ムア山やビックドン山を観光することもできます。ちょっとキツいですが、ムア山の500段の階段を上るとタムコックの美しい風景を一望できます。タムコックとチャンアン間は距離があるのでタクシーで行くことをおすすめします。

ベトナムの歴史も知っておくとなお楽しい

古都ホアルーはニンビン市郊外約6kmにあり、968年、丁朝（ディン朝）の都が開かれた地です。**1000年に及ぶ中国の支配から独立し、北部ベトナムを統一、初の独立王朝の都**を作りました。そして1010年にタンロン（現在のハノイ）に遷都するまで40年間、ホアルーは首都として国の中心となっていたのです。古都ホアルーでは初代皇帝と2代皇帝の廟を見学できます。

アクセス

●**バス** ハノイのザップバットバスターミナルから5:00～19:00、20分間隔で複数会社がチャンアン、タムコックのあるニンビン市まで直行便を運行。所要時間約2時間、運賃8万VND（約400円）～。タムコック、チャンアンへはそこからタクシーで1時間程度。

●**列車** ハノイから毎日6便がニンビン駅まで運行。所要時間約2時間30分。運賃は時期や座席によって変わるが、約15万VND（約750円）。タムコック、チャンアンへはそこからタクシーで1時間程度。

●**行き方のアドバイス** 駅やバスターミナルからはタクシーで1時間以上の距離があり、ボート代も、個人で行く方がツアーより料金が高くなります。ツアーでの参加がおすすめです。

可愛い陶器の村、
バッチャン村へはバスかタクシーで

バッチャン村までの行き方

　バッチャン村はハノイから車で30分ほどのところにある陶器の里
で、ハロン湾に次ぐ人気の観光地です。現地ツアーで行くこともでき
ますが、遠くないので**タクシーを使って自力で行くことも十分可能で
す**。タクシーを利用する際は帰りに捕まえられないと面倒なので、往
復でチャーターした方が無難で、目安は60万VND（約3,000円）程度。
市内バスを利用する場合は47A番のバスに乗り、片道7,000VND（約
40円）で、40分程度で行くことができます。それほど広いエリアで
はないので、だいたい30分〜1時間もあれば観光できます。

バス停から陶器の店が続いている

　バスの終点近くに陶器市場があり、そこに100軒ほどの店が並んで
います。そのほか、大きな通り沿いもたくさんの工房が並び、**村全体
が陶器の店**という感じです。値段はハノイで買うよりも少しだけ安
く、あまり大幅な値引きに応じてくれないと思ったほうがよいです。

トンボの絵柄で有名

バッチャン焼き

　ここで焼かれているバッチャ
ン焼きは15世紀から700年以上
の歴史があり、素朴なものから
モダンなものまでいろいろな陶
磁器があります。バッチャン焼

バッチャン焼きの文字

きの代表格、赤絵のトンボの絵柄は16世紀に日本人の茶人の依頼で始まったものだとか。素朴な**トンボの絵が可愛いのでお土産にも人気**です。そのほか**白地に青色で菊やハスの花を描いたものがポピュラーな柄**になります。なお、バッチャンで焼かれた陶器には裏に「BAT TRANG」の文字が入っています。

ニューバッチャン焼とは

ニューバッチャン焼

ニューバッチャンは軽くて表面がつるつるしているのが特徴で、デザインもモダンでおしゃれ。北欧風な感じがするものも多いです。**電子レンジで使うことができるものも多く、普段使いできます。**

そんなニューバッチャンを手に入れたいなら、バッチャン村ではなくハノイ市内の方がよいものが揃っています。**ハノイ・モーメント**（Hanoi Moment）、**ドラゴンフライ**（Dragon Fly）、**ティースノウブティック**（Tsnow Boutique）、**アジサイ**（Ajisai）といった食器店がおすすめ。

ベトナム発の食器ブランド「amai」（アマイ）に注目

amaï（アマイ）はベルギー人とオランダ人の2人の女性デザイナーがホーチミンで出会い、創業したベトナムのテーブルウェアブランド。カラーバリエーションが豊富なパステルの色合いとゆるやかなフォルムのデザインが特徴で最近注目のブランドです。1,200度の高温で焼いているため、とても丈夫で電子レンジもOKです。ハノイではドラゴンフライ（Dragon Fly）で取り扱っています。ホーチミンの場合はお土産通りドンコイ通りに「amai cental」という専門店があります。

ハノイ
「ノイバイ国際空港」

✦　✦　✦

　ハノイ市内まで約30km、車で40分〜1時間ほどの場所にあります。日本発着便が使用する国際線の第2ターミナルは2015年のオープンで新しくてきれい。日本から到着したら、2階の到着ゲートを通り、1階の両替所や各サービスカウンター、軽食などのエリアを抜け、建物の外に出れば左手にタクシーやバス乗り場があります。市内へのタクシーの相場は35〜45万VND（約1,750〜2,250円）くらい。86番バスはハノイ市内と空港を直通で結んでおり、料金は3万5,000VND（約170円）と、とても安価に利用できます。オレンジ色の車体が目印です。

ベトナムグルメが充実した空港

　到着ロビーにはカフェやバイン・ミー専門店、フォーの店が隣り合っており、市内へ行く前に簡単な腹ごしらえもOK。「まずは簡単なベトナム料理を！」という人におすすめです。

　この空港は土産店や免税店も充実していますが、帰国前にはベトナム料理の食べ納めもぜひ。ホーチミンのタンソンニャット空港とは違い、制限エリア内に入る前でも多くのレストランやカフェ、ショップが利用できます。3階出発ロビーではシントーを扱う店があります。4階の商業エリアも見ておきたいところ。「LUCKY RESTAURANT」はフットマッサージサービスがあるレストランです。ベトナムの老舗「NGOC SUONG RES-TAURANT」や本格ベトナム料理が楽しめる「HAI CANG RESTAURANT」もおすすめ。2階にはコーヒーチェーン「TRUNG NGUYEN COFFEE」があり、最後に本格ベトナムコーヒーを楽しむのにぴったりです。

第8章

ちょっと足を延ばして
プチトリップ！

コツ40
Vietnam
マリンスポーツのメッカ、
ムイネーは、泳がない人も楽しめる!

リゾート感を満喫できるムイネー

　ムイネーは、ホーチミンからバスで6時間ほどの距離にある小さな漁村です。風があるため、ウィンドサーフィン、カイトサーフィンなどの**マリンスポーツのメッカとして人気のあるスポットです。**

　ホテルが並ぶ目抜き通り、グエンディンチウ通り沿いにもビーチがありますが、マリンスポーツをするなら、より風の条件が良いサーフィンビーチがおすすめ。初心者向けの体験スクールなども随時開催されています。

海以外にも魅力がいっぱい! 3つのアクティビティを楽しもう

　ムイネーは、ビーチリゾートでありながら美しい砂丘と渓流もあり、泳がない派の人からも人気を集めています。砂の色が異なる2つの砂丘はそれぞれ違った楽しみ方ができ、美しい渓流も含めてシャッターチャンスがいっぱいです。

● イエローサデューンで砂丘滑り

ソリ滑り

　ビーチと並んでムイネー名物となっているのが、黄色い砂丘、イエローサデューン。市街地から車で15分ほどのところにあります。ここで楽しみたいのは、プラスチック製のソリを使った砂丘滑り。砂丘に着くと、子どもたちが寄ってきて、ソリを貸してくれます。ソリのレンタル料は、基本チップ制の後払い。ソリを返却するときに、5万VND（約250円）程度を渡してあげましょう。

バギー

●ホワイトサデューンを豪快に駆け抜ける

　ホワイトサデューンは、湖の周りに広がる真っ白な砂丘。ジープやバギーで砂丘を駆け巡ることができます。ジープはドライバーが運転し、バギーなら自分で運転可能。料金は、砂丘の入場料1万VND（約50円）、ジープとバギーは交渉制で、20分40万VND（約2,000円）程度です。スピードを上げて砂丘を駆け上り、ノーブレーキで一気に斜面を滑り落ちれば大興奮間違いなし。ホワイトサデューンは市街地から30kmほど離れているため、送迎付きツアーが便利。朝日が見える早朝ツアーもロマンティックです。

● 妖精の渓流スイティエンを裸足でお散歩

渓流ウォーキング

　石灰岩でできた石壁と赤土で覆われた小川、スイティエン。妖精が出そうな雰囲気で、フェアリーストリームとも呼ばれています。ここでやりたいのは、裸足で小川を歩く渓流ウォーキング。水位は足首くらいで、温かい小川をチャプチャプ歩くのは気持ち良いですよ。料金は1万5,000VND（約75円）、コースは片道約20分で、ゴールの小さな滝で折り返します。靴は手に持って歩いてもいいですし、ビニール袋があればバッグに入れられて便利です。

アクセス

●バス　ホーチミンのミエンドンバスターミナルからファンティエットまで所要時間約5時間。5:00〜20:00の間、30分間隔で運行。運賃9万5,000VND〜（約450円〜）。そこからタクシーでムイネーまで約20万VND（約1,000円）。※フーンチャンなどの長距離バスなら、1本でムイネーまで直行可能。

●鉄道　サイゴン駅からファンティエット駅まで所要時間約4時間。1日1便運行。運賃14万1,000VND〜（約700円〜）そこからムイネーまでタクシー。

●行き方のアドバイス　ムイネーの人気に伴ってツアーも豊富。宿泊型が多いですが、夜行バスで行く日帰りツアーもあります。自力で行くなら1本で行ける長距離バスが便利です。

コツ41 Vietnam カントーで行きたい水上マーケット 食料品は衛生面に気を付けて

カントー観光の目玉はカイラン水上マーケット

水上マーケット

　メコンデルタ地方で1番大きな町がカントーで、**観光の目玉は、カイランの水上マーケット**です。毎朝、物資を高く積み上げた大小の舟が集まり、船上で売買が行われます。周囲には水上で暮らす人々の家もあり、笠をかぶったベトナム人が小舟でフルーツや野菜などを売買する様子は異国情緒たっぷりです。

水上マーケットでの買い物の仕方

　観光客用の舟に乗って水上マーケットを周遊していると、売り込みの舟が近づいてきます。**ベトナム語を話せなくとも簡単な英語や身振り手振りで注文**できます。ただし、**水上マーケットでは食器をメコン川で洗っていたりするので衛生面は期待できません**。心配な方は、フルーツや缶ジュースなどが安心です。ツアーによっては20人程度が乗る大型の舟になることもありますが、5〜6人程度が乗れる小さな手漕ぎ舟に乗せてもらった場合、ちょっとした**飲み物などを買うときは船頭にも買ってあげるのがマナー**です。

カントーで食べたい、名物料理ラウマム(Lẩu mắm)

　カントーの郷土料理ラウマムは、魚を発酵させて作った調味料が使われ、白身魚やイカ、練り物、きのこなどが入った鍋料理です。別盛りの野菜をたっぷり投入して食べます。多少クセがありますが、ほんのり甘み

ラウマム

があり、発酵食品が好きな方にはおすすめです。最後はメコンデルタ地方特産の米粉麺、ブン(bún)で締めましょう。

ホーチミンからは1泊2日のツアーで

水上マーケットが賑わうのは朝5:00～8:00。ですので、**ホーチミンからは宿泊するのが一般的です**。個人でも、ホーチミンからカントーまでバスを使って行けるのですが、カントーから水上マーケットのあるカイランへはタクシー移動になり、ホテルも舟も自分で手配するため難易度は高め。ツアーで行くのが便利です。

ツアー自由時間、カントーでの過ごし方

ツアーでは、カントーに宿泊し、初日の午後が自由時間のことが多いです。市街地も楽しむなら、**歴史好きにはカントー博物館、ホーチミン博物館、軍事博物館**があり、どれも入場無料でサッと巡れます。**気候が良ければニンキエウ公園**でのんびりするのも◎。雰囲気が良く、現地のデートスポットでもあります。ちなみに、毎夜この公園からクルーズレストランも出ています。ベトナム歌謡曲を大音量で流す全然ロマンティックではない船ですが、アジアの熱気が感じられます。乗船料は無料で食事はアラカルト形式の別料金。予約はホテルで頼めます。そのほか、川辺にはナイトマーケットもあり、食堂街のデタム通りにもベトナム家庭料理やラウマムの店が多数並んでいます。

アクセス

●**バス**　ホーチミンのミエンタイバスターミナルからカントーバスターミナルまで所要時間約3時間半。5:00～23:00の間、30分間隔で運行。運賃6万VND～(約300円～)。カイランへはそこからタクシーで約4.5km、15分程度。

●**行き方のアドバイス**　ホーチミンからは、ホテルも付いた現地ツアーの利用がおすすめです。初日にメコンクルーズがセットになっているツアーも多いです。

コツ42
Vietnam

チャウドックからサム山へ、少数民族の村へ　ツアーは無いのでバスで行こう

サム山からカンボジアまで見渡す

カンボジアの国境にほど近い小さな町、チャウドック(Châu Đốc)。メコンデルタ地方の奥地にあり、手付かずの自然が多く残っています。**名所は、標高230mのサム山。山頂から、ベトナムを超えてカンボジアまで見渡す**ことができます。どこまでも続くメコンデルタの田園風景を見れば、まさにメコンデルタを極めた気分になれるはず。

セーロイダップに乗ってみよう

チャウドックでは、セーロイダップという人力車に乗ることができます。これは、自転車の後ろに荷台を付けただけの簡易な人力車で、シクロよりも古くからあります。今ではシクロはすっかり観光用ですが、**チャウドックではセーロイダップが現役で活躍**しています。バイクが増えた今、セーロイダップに乗れるのはここチャウドックだけとも言われています。

サム山への行き方

市街地からサム山の麓へはセーロイダップで20分ほどの道のり。そこから先はバイクタクシーのみ乗り入れ可能で、約10分で山頂に着きます。麓には、**由緒正しい仏教寺院、バー・チュアスー (Bà Chúa Xứ)廟もあり、終日無料で見学可能**ですので、ぜひ立ち寄ってみてください。夜は美しくライトアップされ、毎夜ナイトマーケットで賑わっています。

バー・チュアスー廟

名物はマム (Mắm)

　　　　魚介を発酵させたマムと呼ばれる料理がチャウドック名物。**かなり塩気があってクセも強く、苦手な人がいる一方、病みつきになる人も**。マム料理に挑戦するなら、チーラン通りやクアンチュン通りの食堂で食べられます。

少数民族チャム族と触れ合う

　チャウドックから舟で20分、**イスラム系少数民族のチャム族が暮らすダーフック村**に行くことができます。ここでは、スカーフを頭に巻いた女性や、洪水に備えた高床式住居など

チャム族

を見ることができ、他の村とは違う雰囲気が感じられます。立派なモスクは宗教上女性は入れませんが、男性なら見学も可能です。ダーフック村へのガイド付きツアーは町のツアーデスクやホテルで申込めます。

バスチケットとホテルは自力で手配

　ツアーはほぼ無いので、バスで行きましょう。（コツ9参照）ホテルは山麓の「**ヌイサムロッジ**」（Núi Sam Lodge）**がおすすめ**。抜群のロケーションで眺めが最高です。各種海外ホテル予約サイトで、1泊100万VND（約5,000円）～予約できます。宿泊者用の無料レンタサイクルで、町を自由に巡れることも魅力です。

アクセス

●**バス**　ホーチミンのミエンタイバスターミナルからチャウドックまで所要時間約6時間。5:00～23:30の間、1時間間隔で運行。運賃8万VND～（約400円～）。フーンチャンは5:00～翌1:00、約30分間隔で運行、運賃21万7,000VND～（約1,080円～）。

●**行き方のアドバイス**　チャウドックのバスターミナルから市街地までの送迎が付いた、フーンチャンバスがおすすめです。

コツ43 Vietnam
リゾートアイランド、フーコック島でホテルライフを満喫しよう

美しいサンセットを見るなら、フーコック (Phú Quốc) 島に行くべし

フーコック島

ベトナムの地形を思い浮かべてみてください。細長い国土のうち、海に面しているのはほとんど東側です。つまり、ベトナムでサンセットが見られるビーチはほとんど無く、ベトナムの西側に位置する**フーコック島はベトナムで夕日が見られる貴重なスポット**。フーコック島のロングビーチから見るサンセットは、息を呑むほど美しく、訪れる人々を魅了しています。

ホテルライフを満喫しよう

ベトナム最後の秘境と呼ばれたフーコック島ですが、残念ながら近年の急速なリゾート開発によって様子が変わってきています。場所によってはビーチでもゴミを見かけることがあり、今のフーコック島で一番美しいビーチはどこかと言えば、ずばりホテルのプライベートビーチ。**ラグジュアリーな新築ホテルも続々オープン**していますので、フーコック島ではホテルライフを存分に楽しみましょう。

お土産を買うなら胡椒畑や工場見学もおすすめ

見どころは島名産の胡椒畑とヌックマム工場、真珠工場などです。

● 胡椒畑

世界一の輸出量を誇るフーコック島の胡椒。畑は島内に多数あり、無料で見学できます。畑の傍の直売所では畑でとれた胡椒を売って

います。一瓶5万VND（約250円）程度から、味付きの胡椒など種類も豊富。青マンゴーに付けて試食できるところが多いです。マンゴーに胡椒!?と思うかもしれませんが、意外に合います。フーコック島の胡椒は特産というだけあって、風味がとても豊かで美味しいですよ。

● ヌクマム工場

　ベトナム定番の調味料、ヌクマム。工場といっても酒蔵風の大きな樽があるだけで売店がメインです。工場直売のヌクマムはとても美味しいと評判です。ただし、あまり知られていないですが、ヌクマムは飛行機の持ち込みが禁止されています。お土産として持ち帰れませんので、旅行中に使い切るようにしましょう。

● 真珠工場

　真珠工場も島内にいくつかありますが、アクセスが良いのは空港近くの「フーコックパール工場」（Phú Quốc Pearl）。実際に貝から真珠を取り出す工程も見学できます。と言ってもここも店舗がメインです。真珠の金額は、一粒20〜200万VND（約1,000〜10,000円）以上のものまでピンキリ。市場などでは偽物も多いため、真珠が欲しい方はここで買うと間違いないでしょう。

フーコック島の観光ベストシーズン

　6〜10月の雨季は、学校も休校になるほどの豪雨になることがあるようです。フーコック島へは**11〜4月に行くのがおすすめです**。

アクセス

● **飛行機**　ホーチミンからフーコック島（フーコック国際空港）まで、各航空会社からそれぞれ毎日4〜5便往復。所要時間約1時間。

● **行き方のアドバイス**　ベトナム西部のラックジャーやハーティエンから船が出ていますが、ホーチミンからそこまでラックジャーは約5時間、ハーティエンは約7時間かかります。飛行機で行くのがおすすめです。

コツ44 Vietnam
知る人ぞ知る穴場観光地
高原の花の街ダラット

ベトナム流ハネムーンの人気スポット

　フランスの田園風景を思わせる高原都市ダラット。花の街として知られ、**ベトナム人がハネムーンでよく訪れます。**「愛の聖地」との呼び名も。高温多湿のベトナムの中でも気温が低く、**ベトナム版軽井沢**という雰囲気。日本人にはあまり知られていない穴場観光地です。

市内観光のポイント

　ダラット市内ではレンタサイクルの店をよく見かけます。軽井沢のような避暑地を自転車で走るのはとても気持ちよさそう、と思うかもしれませんが、実はダラットはとても坂が多い街。レンタサイクルを移動に使うのは不向きです。レンタサイクルは湖の周りで観光用として乗るだけにし、**移動は基本タクシーが良い**でしょう。

　また、もう一つ注意したいのは、ダラットは朝夕かなり冷え込むこと。**避暑地というだけあって、夏でも長袖の上着が必須**です。もし忘れてしまったら、ナイトマーケットで購入しましょう。

愛の盆地ダティエン湖でベトナム流定番デート

　市内中心部からタクシーで15分ほど北上したところにある湖、ダティエン湖は、ダラット最大の観光名所です。深い緑色の湖と周囲の豊かな草原は**「愛の盆地」**と呼ばれ、**恋人たちの定番デートスポット**になっています。敷地内は公園のようにベンチなどが整備され、愛を誓いあう南京錠やモニュメントもあります。どれも洗練された感じではないですが、素朴で親しみやすく、ほっこりしますよ。

スアンフーン湖周辺を散策しよう

街の中心にあるスアンフーン湖(Xuân Hương)。正直、湖の水はやや濁っているので、遠くから眺めて楽しみたい湖です。オシャレなカフェも、湖周辺ですぐに見つかりますよ。また、湖に隣接する**フラワーガーデンもぜひ散策したい**場所。敷地面積7,000 ㎡の広大な庭園に350種以上の花が植えられています。**1年中さまざまな花が咲いていますが特に3～5月が見ごたえがあります**。洒落た風車のある高台から花園を見渡せば、ベトナムとは思えない西洋の香りがします。また、庭園内の土産屋も、意外と品数が豊富でおすすめです。

ダラットのナイトマーケットで買いたいもの

夜はダラット市場周辺のナイトマーケットに繰り出しましょう。ここで買いたいのは、**名産のドライフルーツやジャム**。ドライフルーツは量り売りなので、店員に言われるがまま大量に買わないよう注意してください。**カップルなら、アクセサリーもおすすめ**。愛の聖地というだけあって、ペアアクセサリー、イニシャルやメッセージが入れられるブレスレットなどが売られています。もちろんチープなものですが、その場で一緒に付けてマーケットを回るのも楽しいです。寒くなったら、温かい豆乳スアダウナン（Sữa Đậu Nành）を。夜が冷えるダラットでは身体に染みわたりますよ。

アクセス

●**飛行機**　ホーチミンからダラット（リエンクオン国際空港）まで、各航空会社からそれぞれ毎日3～4便往復。所要時間約50分。

●**バス**　ホーチミンのミエンドンバスターミナルから所要時間約7時間。5:00～11:30の間に5便運行。運賃15万VND ～（約750円～）。

●**行き方のアドバイス**　寝台付きの夜行バスを使って早朝到着すれば、LCCよりさらに安く、宿代も浮かすことができ、時間とお金を節約できます。

コツ45
Vietnam

ニャチャンのビーチ　巨大アミューズメントパークで丸1日遊べる

まるで欧米！　高級感のあるビーチリゾート

　ニャチャンは、もともとフランス領時代に要人のために開発されたリゾート地で、今でも多くの欧米人が訪れています。約5kmも続く白砂のニャチャンビーチにはアジア人より欧米人の姿が多く見られ、ここがアジアだと忘れそうになるほど。ダナンなど他のビーチリゾートに比べて、少し高級感のあるリゾート地です。

1日遊べるヴィンパールランドの楽しみ方

　離島に造られた巨大なアミューズメントパーク、ヴィンパールランド。チャンフー通りの最南端から、ロープウェイか高速船で行くことができますが、断然ロープウェイの利用がおすすめです。全長3,320mのロープウェイからの眺めは遠くまで見渡せる絶景で、移動中も楽しむことができますよ。

ロープウェイ

ウォータースライダー

ジェットコースター

　敷地内はジェットコースターや観覧車などのアトラクション、流れるプールやウォータースライダーのあるウォーターパークのほか、屋内のゲームエリアや4D映画館、7,000匹のサメが泳ぐトンネルやイ

ルカと写真が撮れる水族館、植物園やショッピングモールまであります。もちろん、砂浜まで出て海水浴をすることも可能です。

　食事はショッピングモール内のレストランがおすすめです。海を見渡せる眺めが最高で、味にも定評があります。遅くまで時間が許すなら、**閉園間際の噴水ショーも必見**です。

ニャチャン名物はチャーカーとブン・スア

　ニャチャン名物として有名なのが、**チャーカー（Chả cá）と呼ばれる、魚のすり身を揚げたベトナム版さつまあげ**。メコンデルタ地方特産のブンと呼ばれる麺と一緒に食べるブン・チャーカー（Bún chả cá）という料理が定番の食べ方です。また、同じブン料理で**クラゲ入りの、ブン・スア（Bún Sứa）**もニャチャン名物として知られています。

二大ニャチャン名物を一度に食べるなら

　２つのニャチャン名物。せっかくならどちらも食べたいですが、時間の限られる旅行ではなかなか難しいですね。そんなときは、「**ナムベオ**」（NAM BEO）という**チャーカー専門店**へ。ダム市場から徒歩3分ほどのところにある小さな食堂で、24時間営業しています。ここのブン・カーの具材には、なんとチャーカーとクラゲ（スア）も入っているので、**ブン・スアとチャーカーの２大ニャチャン名物を一度に食べることができちゃう**のです。この店はベトナム語しか

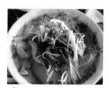
ブンスア

ナムベオ外観

通じませんが、メニューは1種類しかないので、注文は一言「ブン・カー！」で完了。コリコリしたクラゲの歯ごたえと、ジューシーなチャーカーが絶品です。香草とライムが一緒に出るので、お好みで載せて召し上がってください。

コツ46
Vietnam
ニャチャンのビーチ以外の
楽しみ方　泥温泉&夜行列車

泥温泉で全身泥パック

　近年、ベトナムのビーチエリアでは泥温泉が流行しています。ミネラル豊富な泥に浸かれば全身泥パックできるとして、多くのガイドブックで紹介されています。ニャチャンにも泥温泉があり、「**タップバーホットスプリング**」はその代表格。他にも、ニャチャンには「**アイリゾート**」いう泥温泉がありますが、タップバーの方が泥の濃度が濃い印象です。アイリゾートの泥はお湯のようにサラッとしています。

泥温泉の入浴方法

泥温泉

　泥温泉は入浴の流れが決まっています。

❶シャワーで体を流し、泥温泉に20分浸かる。

❷10分ほど外に出て身体についた泥をカピカピに乾燥させる。

❸再度シャワーで泥を落とし、最後に普通の温泉に入って終了。

　最後はプールでのんびりするのが定番の楽しみ方。泥の濃度はタップバー優勢と書きましたが、併設するプールはアイリゾートの圧勝です。タップバーとは比較にならないほど、アイリゾートのプールはキレイで種類豊富。プール重視ならアイリゾートもおすすめです。

泥温泉を快適に過ごすコツ

　泥温泉には個人や親しい人と入れるバスタブタイプと大浴場タイプがあり、おすすめはバスタブ。その都度泥を入れ替え、清潔です。また、泥温泉は水着着用ですが、泥を落とすのは案外大変。レンタルや購入もできますが、不要な水着を持参し、捨てて帰るのが効率的です。

夜行列車、ゴールデントレインに乗ってみよう

　ホーチミンからの移動で人気なのが、夜行列車ゴールデントレインです。ゴールデンといっても車体は青と赤のストライプ。外観は他の列車と変わりませんが、近年車内が改装され、**木目調のシックなキャビン**になりました。トイレと洗面は全車両にあり、ベッドは清潔なシーツと厚めのブランケットがセットされています。**清潔感があり、初めて寝台列車に挑戦する旅行者にも人気**です。座席は4人部屋のソフトベッドが6両あり、6人部屋のハードベッド、ソフトシートが1〜2両あります。運賃は時期や席種で変わりますが、他の列車より少々割高の50〜80万VND（約2,500〜4,000円）程度です。

ゴールデントレイン

　ホーチミンの**サイゴン駅から20:30発のゴールデントレイン（SNT 2）に乗れば、定刻通りなら翌朝6:00にはニャチャンに到着**します。飛行機ならたった1時間ですが、睡眠を兼ねての移動と考えれば、たっぷり寝られるちょうどいい時間です。

　チケットの予約は、通常の列車と同じ（コツ13参照）。定刻に出発しますので、発車の1時間前に駅に着くと安心です。ただし、到着は1〜2時間遅れることもあるので、ニャチャン到着後の予定は余裕を持って組んでおきましょう。

アクセス

● **飛行機**　ホーチミンからニャチャン（カムラン国際空港）まで所要時間約1時間。各空港会社から1日4〜9便運航。

● **バス**　ホーチミンのミエンドンバスターミナルから所要時間約8時間。6:00〜23:00、約1時間間隔で運行。運賃12万5,000VND 〜（約625円〜）。

● **列車**　ホーチミンのサイゴン駅から所要時間約8時間。毎日10便運行。運賃は時期や席の種類によって異なる。

● **行き方のアドバイス**　ホーチミンからは飛行機で行くのが一般的ですが、フーンチャンの夜行バス（コツ9参照）や夜行列車ゴールデントレインも人気です。

コツ47
Vietnam
フォンニャ・ケバン国立公園で圧倒的な美しさの洞窟を見学する

洞窟好きは、フォンニャ・ケバン国立公園は外せない

フォンニャ・ケバン国立公園（Vườn quốc gia Phong Nha-Kẻ Bàng）はフエから250kmほど北上した場所にあり、車で約4時間の人里離れた場所にあります。2003年に世界遺産に登録されました。豊かな

洞窟内を進む手漕ぎ舟

原生林に覆われた**約8万6,000ヘクタールの広大な公園の中に大小約300の鍾乳洞が存在し、幻想的な風景を楽しめます。**

特に人気があるのが、**フォンニャ洞窟（Động Phong Nha）、ティエンソン洞窟（Động Tiên Sơn）、ティエンドゥーン洞窟（Động Thiên Đường）**の3つ。巨大で神秘的な鍾乳洞の迫力に圧倒されること間違いなし。

フォンニャ洞窟は雨期に注意

ラオスの国境近くにあるフォンニャ洞窟は2億5千万年前に形成された鍾乳洞で、ベトナム最大の規模を誇ります。全長7.7km以上のうち1.2kmほどが一般公開されています。入場料は15万VND（約750円）。まずは船着場から舟に乗り30分ほどで洞窟に。洞窟内は船頭さんがオールで濃いで進み、途中から舟を降りて徒歩で見学します。そのスケールに圧倒されるはずです。舟は一艘ごとの料金で、一艘36万VND（約1,800円）。一艘に12人乗れるので、近くの人と相乗りすることも可能です。なお、**雨季の10月から1月頃までは、川が増水して入れないこともあるので要注意。**

階段を上るとティエンソン洞窟の入口に

　ティエンソン洞窟（仙人の洞窟）は、フォンニャ洞窟を出て、524段の階段か580mの坂道を上ったところにあります。見どころは**一面に垂れ下がる巨大な鍾乳石**の数々。洞窟内は**ライトアップされていて神秘的**なムードが漂います。入場料は8万VND（約400円）。

神秘的な洞窟でNo1、ティエンドゥーン洞窟

　別名「天国の洞窟」と呼ばれ、洞窟学者から「世界中のどの洞窟も比べ物にならないほど美しい」と称賛される洞窟。ここは発見が2005年のため、2003年登録の世界遺産には含まれませんが、フォンニャ洞窟より凄い！という声が続出しています。入口から20〜30分ほど山道を登ると洞窟入口です。入場料は25万VND（約1,250円）。

洞窟をしっかり見るなら宿泊がおすすめ

　ダナンから距離があるので日帰りツアーの主流はフエ発ですが、フォンニャ洞窟とティエンドゥーン洞窟は車で1時間も離れているため、両方に行く日帰りツアーはありません。**両方行くならドンホイで1泊して、2つ行くツアーに申し込みましょう**。ドンホイへはダナンから車で5〜6時間で行くことができます。ドンホイはまだ観光開発されていない素朴な港町。ベトナム戦争で爆撃されたキリスト教会や砂漠が観光名所になります。

アクセス

●**バス**　ダナンバスターミナルからドンホイバスターミナルまで、所要時間約6時間半。運賃20万VND（約1,000円）〜。

●**列車**　ダナンからドンホイまで所要時間約6時間、運賃約24万VND（約1,200円）。時期やシートの種類によって異なる。

●**行き方のアドバイス**　ティエンドゥーン洞窟へも行けるドンホイからツアーに参加するのが一般的。ダナン発ドンホイ宿泊型のツアーがおすすめです。

コツ48 Vietnam サパの寝台バス徹底解説　ファンシーパン山はロープウェイ&鉄道で

サパエクスプレスはトップクラスの便利さ

サパエクスプレスのシート

　ベトナムの原風景である棚田が広がり、少数民族に会える街として注目されている辺境の観光地サパ。ハノイ－サパ間は複数のバス会社が運行していますが、おすすめは「サパエクスプレス（Sapa Express）」。運行するバスの数が多いので予約がとりやすく、現地でも人気のバスです。ハノイのホアンキエム湖近くにオフィスがあり、そこから観光の中心部・サパ湖近くの停留所までを運行しています。

　サパエクスプレスの所要時間は5時間半程度。料金は、シートが寝台型のバスは、片道13US$（約1,300円）、往復26US$（約2,600円）。リクライニング座席は片道16US$（約1,600円）、往復32US$（約3,200円）です。**車内はエアコンとWi-Fi完備で清潔。寝台バスの場合はトイレもついているので安心です。**ハノイでは、**宿泊のホテルまで迎えに来てくれるので便利（要事前申し込み）。**夜中の3:30頃サパに到着する寝台型の夜行便では、朝6:00までバスの中を使わせてくれるサービスも。乗車の際には、**寝台式は土足厳禁なので入口で靴を脱ぐのを忘れないようにしましょう。**チケットはオフィスで買うか、公式サイトから購入可能で、前日までに予約が必要。予約時に支払いが終わってない場合は、当日オフィスで清算することになります。

ベトナム最高峰のファンシーパン山へ行こう

　サパで行っておきたい場所の1つがファンシーパン山。**標高3,143mでベトナムで最も高く、「インドシナの屋根」とも言われています。**

なお、山頂は霧がかったり、夏場でも肌寒かったりすることがあるので、防寒具や雨具の持参を。レインコートはロープウェイ駅でも売っています。山頂へは、かつては徒歩で何日もかかりましたが、2016年に登場したロープウェイで、楽にアクセス可能になりました。

❶登山列車　サパの中心街からロープウェイ駅までは車でも行けますが、ムオンホア登山列車を使うのがおすすめ。クラシカルな列車で景色を眺めながら、5分ほど山を登っていきます。料金は10万VND（約500円）です。

❷ロープウェイ　6,325ｍにも及ぶ長さを高速で進み、山頂駅まで15分、75万VND（約3,700円）。乗り物は360度ガラス張りで、急峻な山や棚田の景色が堪能できる空中散歩を楽しめます。

　ロープウェイ山頂駅そばにはレストランがあり、食べ放題のチケットが17万VND（約850円）。美味しいと評判です。また、付近にいくつも寺があるので、ぜひお参りしましょう。

❸トロッコ列車 or 徒歩　ロープウェイから山頂へはまだ少し距離があり、小さなトロッコ列車で行くことができます。乗車は2分程度で7万VND（約350円）です。また、600段の階段を使う方法もあります。途中に鎮座する巨大大仏には、階段ルートでしか会えないので、往復どちらか階段を使うといいでしょう。

サパに広がる棚田

アクセス

●バス　ハノイからは、サパエクスプレスのほか、ハノイ・ミーディンバスターミナル－サパ市場前間を運行するバスもあり、料金は25万VND（約1,250円）程度で、所要時間5～6時間半。

●行き方のアドバイス　ハノイからサパへのアクセスは、直行の寝台バス、サパエクスプレスが本数も多く、快適でおすすめです。

コツ49 Vietnam サパで少数民族に会いたいなら、トレッキングツアーがおすすめ

サパの街の周辺には少数民族の村が点在

　50以上の民族で構成された多民族国家、ベトナム。サパ周辺には、その中でもごく少数の山岳民族が暮らしています。かつて、フランス統治時代に避暑地として開発されたサパは、街の中心部は西洋の雰囲気が残り観光地化されていますが、**山間部には渓谷や棚田が広がり、「赤ザオ族」「黒モン族」「花モン族」「ザイ族」「タイ族」など、それぞれの民族がいくつも集落を作り、その民族特有の衣装を着て、昔ながらの生活をしています。**サパの中心から近い場所には「カットカット」「シンチャイ」「ラオチャイ」といった、主に黒モン族が住む村が点在。特にカットカット村は街から歩いて十数分のところにあるので行きやすく、カフェや土産屋もあるので、観光客に人気です。

少数民族の村訪問と棚田の絶景が楽しめるトレッキング

トレッキング

　棚田などベトナムの原風景が広がるサパ周辺。そんな自然と村巡りがセットで楽しめるトレッキングが人気です。トレッキングは**役所の入村許可や入村料が必要な場合もあり、舗装された道はほぼ皆無で迷いやすいため、ツア**ーの利用がおすすめ。棚田などを巡りながら、黒モン族や赤ザオ族の村を歩くコースが主流で、サパから日帰りと宿泊のプランが多数あります。日帰りは所要時間5〜6時間ほど、44万VND（約2,200円）程度〜が相場です。宿泊プランは1泊2日が人気で、少数民族が暮らす家でのホームステイ付き。ハノイ発の宿泊プランもあります。料金は

サパ発が88万VND（約4,400円）、ハノイ発が196万VND（約9,800円）程度～。予約は、サパやハノイのホテルやツアーデスクなどで可能。サパで申し込む方が割安なことが多いです。村で英語はほぼ通じませんが、ガイドが通訳してくれるので安心。ただし、ガイドやツアー同伴者から、民族雑貨の売り込みがあることも。買わなくてもOKですが、彼らにはお世話になるので、感謝も込めて購入するといいでしょう。また、トレッキングには防寒具が必須。悪路も多いのでトレッキングブーツが無難です。ハノイやサパの街でも売っています。

民族雑貨を買うならバックハー市場

サパから車で2時間ほどのバックハーも、トレッキングと並んで注目を集めるスポット。毎週日曜日の朝に開かれる市場には、「花モン族」をはじめ、近隣に住む少数民族が集まります。**ベトナム一の華やかさを誇る、美しいストライプの花モン族の衣装をはじめ、バ**

民芸品

ッグや小物にいたるまで、伝統的な民族雑貨が手に入ります。雑貨好きにはたまらない場所といえるでしょう。そのほか、生鮮品や生活雑貨、家畜などの必需品もずらりと並び、現地人の熱気であふれています。市場は朝6:00頃開始し、昼過ぎで終了します。朝が早いので、前日にバックハーに宿泊してしまうのも手です。

バックハーへのアクセス

●**バス** ラオカイのバスターミナルからバックハーまでは約2時間半。6:30～17:00の間に10便が運行。運賃6万VND（約300円）。タクシーの場合は、サパから片道174万VND（約8,700円）～、ラオカイから片道88万VND（約4,400円）～が相場。

●**行き方のアドバイス** サパからの1日ツアーの利用がおすすめ。ランチ付きや花モン族の村に立ち寄るプランもあります。

コツ50 Vietnam ハロン湾を最大限に楽しむ方法 日帰りVS宿泊どっち

ハロン湾観光のメインは『湾内クルーズ』

手漕ぎ舟で鍾乳洞へ

　ハロン湾はベトナムが誇る世界遺産。翡翠色の海に大小2000もの奇岩が浮かぶ様は絵画のような美しさです。ハノイからハロン湾へは、**2018年に高速道路ができたことで、車での所要時間が約2時間と、劇的に短くなりました。**一般的にハロン湾と呼ばれるのは、バイチャイ、ホンガイの街とトゥアンチャウ島を合わせたエリア。ホテルやレストラン、土産屋などが集まり観光に便利なのはバイチャイです。しかし、このエリア最大の目玉は海上。**20万VND札に描かれる「ディンフォン島」といった奇岩、水上で暮らす人々の村、神秘的な鍾乳洞「ティエンクン」**など、見どころがいっぱいです。これらは、トゥアンチャウ島から出航するクルーズで見ることができます。

サクッと海上の名所だけを見るなら日帰り

　ハノイから日帰りツアーへ参加する場合、朝ハノイをバスで出発、トゥアンチャウ島から昼頃出るクルーズ用のジャンク船に乗り込み、船内での昼食後、奇岩めぐりや水上村見学、手漕ぎ舟に乗り換えて鍾乳洞探検、ジャンク船で再びターミナルに向かい夕方に下船、バスでハノイへ帰るという流れが多いようです。クルーズには英語のガイドツアーのほか、日本語対応のものもあります。英語のガイドをハノイで申し込む場合は、88万VND（約4,400円）程度〜。日本語のガイドは154万VND（約7,700円）程度〜。クルーズは日本からも予約できますが、ベトナム現地のツアーデスクだと、日本の半分〜2/3程度

で済みます。直接ツアーデスクに行くほか、ホームページからも申し込めます。料金はピンキリでぼったくりや予約ミスも多いといいますが、**老舗の「The Sinh Tourist」は信頼できると定評があります。また、「EZ VIET Travel」は日本人が経営し、格安の日本語ガイドツアーがあります**。ハロン湾までの交通を自分で手配できるなら、トゥアンチャウの港でツアーに申し込むことも可能。奇岩、水上村、ティエンクン洞窟の見学コースが3時間で44万VND（約2,200円）です。

船上泊の豪華クルージングで優雅に過ごす

豪華客船

ハロン湾は時間によって美しさが異なり、特に**夕方のオレンジに染まる海と奇岩群のシルエットはまさに絶景**です。そんな夕方や夜、早朝のハロン湾が見られる船上宿泊クルーズが近年人気を集めています。日帰りでも行く**定番に加え、ティートップ島やメクン鍾乳洞など、あまり行けないような場所を見学**できるのも魅力。**豪華客船に乗り込み、新鮮な魚介類を使ったコース料理や、バルコニー付きの客室などのハイレベルなサービスが受けられ、カヤックでの島巡りや船上での夜釣り、ベトナム料理教室**といったアクティビティも体験できます。現地のツアーデスクで手配した場合、料金はハノイ往復送迎付きの1泊2日、英語ガイドのクルーズで360万VND（約18,000円）〜が相場。「The Sinh Tourist」はホームページからも申し込めます。船上宿泊ツアーは人気なので、早めに予約を。

ハロン湾へのアクセス

●**バス**　ハノイのザーラム・バスターミナル〜バイチャイの間が所要約4時間。6:00〜17:30の間に30分間隔で運行。運賃16万VND（約800円）。ミーディン・バスターミナル〜バイチャイ間は所要3時間半〜4時間半。5:00〜19:00の間に1時間間隔で運行。運賃10万VND（約500円）。

●**行き方のアドバイス**　日帰りの場合は、ハノイ往復バス込みのクルーズツアーを利用すると、手配が煩雑にならずに済むのでおすすめ。

著者プロフィール

シュアン

日系企業に勤めるハノイ出身の在日ベトナム人。ベトナム人ガイドを日本企業へ派遣する人材会社に勤務している。日本のファッションが好きで、アイドルグループ嵐の大ファン。

リエ

駐在員の夫に付いて、ホーチミンに2年在住した日本人。慣れない生活に戸惑いながらも、気づけば大のベトナム好きに。帰国した今でも本場のベトナム料理の味が忘れられず、頻繁にベトナムへ通う。

STAFF

●編集／イデア・ビレッジ（丑木愛、青木千草）
●本文デザイン・DTP ／小谷田一美
●協力／岩澤紀子、久保田尚美、グエン・ダン・コア、
　グエン・タイ・ホアン、ファム・ティ・チャー・ミー

知っていればもっと楽しめる　ベトナム旅行術
ガイドブックに載らない達人の知恵50

2020年3月20日　第1版・第1刷発行

著　者　シュアン＆リエ
発行者　株式会社メイツユニバーサルコンテンツ
　　　　（旧社名：メイツ出版株式会社）
　　　　代表者　三渡　治
　　　　〒102-0093 東京都千代田区平河町一丁目1-8
　　　　TEL：03-5276-3050（編集・営業）
　　　　　　　03-5276-3052（注文専用）
　　　　FAX：03-5276-3105
印　刷　大日本印刷株式会社

◎『メイツ出版』は当社の商標です。

ご意見・ご感想はホームページから承っております。
ウェブサイト　https://www.mates-publishing.co.jp/

編集長:折居かおる　副編集長:堀明研斗　企画担当:折居かおる